라오어의
미국주식
무한매수법

SIGONGSA

PROLOGUE

평범한 일상에서 신드롬으로

스스로를 평범한 사람이라 생각했다. 본격적으로 미국주식에 관심을 가지고 투자하던 중에 2020년 9월 초, 미국주식과 관련해 가장 규모가 큰 네이버 카페인 '미국주식에미치다', 일명 '미주미' 카페에 회원가입을 했다. 처음에는 카페에 속한 수십만 명의 회원들 중 한 사람일 뿐이었다. 그런데 가입한 지 단 두 달 만에 카페 내에서 최다 댓글, 최다 추천수를 기록하는 회원이 되었다.

필자가 직접 개발한 '무한매수법'을 실행해서 얻은 수익을 인증할 때마다 감사하다는 댓글이 수십, 수백 개씩 달리기 시작했다. 이상한 현상이었다. '나는 내 수익을 자랑했을 뿐인데, 왜 나에게 감사하다는 것일까?' 심지어 앞으로도 계속 자랑을 해달라고 필자에게 요청했다. 어떤 분들은 '나의 인생에서 무한매수법 글을 읽은 것이 인생의 전환점이자 가장 큰 행운이었다'고 표현하였고, '무한매수법 글을 읽고 머리에 망치를 맞은 것 같아 잠을 자지 못하고, 관련 글을 전부 읽었다'는 분들도 있었다. 심지어 댓글이나 쪽지로 카카오톡 커피 쿠폰을 선물로 보내주시는 분들도 있었다. 특별한 일을 벌인 것이 아니었다. 미주미 카페에 가입했고, 평소에 하고 있는 주식매매 방법을 조금씩 공유했던 것뿐이었다.

무한매수법이란 투자법이 직접 고안한 주식투자법이긴했지만, 필자는 금융전문가가 아니다. 유명한 금융전문가는 워런 버핏, 레이 달리오 정도밖에 모른다. 학창시절 수학을 잘하기는 했지만 그냥 주변에 수학 잘하는 다른 친구들과 특별히 다르지 않았다. 필자는 과학고 입시에서 불합격한 적도 있다. 천재는 아니란 소리다. 재수 끝에 스물한 살에 서울대학교에 진학했지만, 선택한 전공은 금융과 전혀 관련 없는 전기과였다. 그리고 현재는 의료 관련 직종에서 일하고 있다. 재테크 서적은 조금 읽었지만 금융을 깊이 있게 공부한 적도 없고, 지금도 아주 심도 있는 금융 '전문용어'까진 알지 못한다.

그래서 전혀 예상하지 못했다. 무한매수법에 사람들이 이렇게 뜨겁게 반응하고 열광할 줄은 꿈에도 몰랐다. 어느새부터인가 필자가 모르는 사이에 카카오톡에 무한매수법을 연구하고 같이 따라 해보자는 '오픈 단톡방'들이 만들어졌고 순식간에 1,000명이 넘는 사람들이 단톡방에 모이기 시작했다. 신드롬이었다. 나는 짧은 시간 만에 미주미 카페의 수십만 명 회원 중 가장 핫한 회원이 되어가고 있었다.

그리고 2021년 1월 초에 한 출판사 편집자로부터 이메일을 받게 된다. 필자가 미주미 카페에 써온 글들을 우연히 발견하고 감명 깊게 읽었으며, 그 내용들을 정리해서 책으로 출간해볼 생각이 없는지 물었다.

필자는 대부분의 사람들과 마찬가지로 책을 내본 경험이 한 번도 없었다. 그래서 책을 출간한다는 일은 상상하지도 못했다. 더더군다나 한창 본업이 바쁘고 힘든 40대 초반의 가장으로서 시도하기 어려운 제안이었다. 그래서 뜻은 고맙지만 거절하는 게 맞다 생각했다.

하지만 혹시나 하는 마음에 편집자와 첫 만남을 가졌을 때 모든 상상은 뒤집혔다. 이 사람은 필자를 떠보기 위해 만나자고 한 것이 아니라, 진심으로 책을 내길 바라고 있었다. 스타 작가가 아니고서는 책으로 버는 인세 수입은 많지 않다고 솔직히 말해주었다. 돈을 보고 책을 쓰자면, 들어가는 노력 대비 안 하는 편이 낫다고 했다.

하지만 필자가 그동안 아무런 대가를 바라지 않고 사람들에게 주식 경험을 공유해왔던 것처럼, 보람을 느끼는 의미로 책을 써볼 수 없을지를 제안해주셨다. 아직도 세상에는 잘못된 방식으로 주식투자를 하는 사람이 너무 많으며, 내가 매매하는 방식은 상처받은 많은 투자자들에게 큰 도움이 될 수 있다고 필자를 설득했다.

이미 그는 편집자가 아니었다. 필자가 카페에 게시해온 글에 마음이 동해서 찾아온 나의 팬이었다. 그는 필자가 의도하는 주식철학을 제대로 이해하고 있었으며, 본인도 이 방식대로 주식매매를 할 계획이라고 했다.

그러면서 최근 주식매매에서 손실을 입은 본인의 이야기까지 해주었다.

책을 쓰기로 결심한 순간은 그때였다. 필자에게 인세의 많고 적음은 문제가 아니었다. 내가 전문작가가 아니면 어떻고, 금융전문가가 아니면 어떠랴. 이미 나는 많은 사람들에게 사랑을 받고 있었다. 그 응원을 용기 삼아 내 인생의 첫 책을 써보기로 결심했다. 필자의 무한매수법이 책으로 나왔을 때 웃음거리가 되면 어떡하나 걱정도 있지만, 그것 또한 인생의 긴 여정 중 하나의 발걸음일 것이다.

이 책이 나오기까지 나에게 진심으로 책을 내길 설득해준 편집자분에게 감사의 인사를 드린다. 더불어 감당하기 어려울 정도의 큰 사랑을 주셨던 미주미 카페 회원 여러분과, '라오어 무한매수법' 카페 회원 여러분들께도 감사의 인사를 드린다. 마지막으로 둘째를 임신한 몸으로 첫째를 돌보느라 힘든 와중에, 책을 쓰도록 배려해준 배우자가 아니었으면 이 책이 나올 수 없었음을 이 자리를 빌어 말씀드린다.

이제 나 혼자 외롭게 무한매수법으로 투자하는 상황이 아니다. 내 옆에 든든한 응원군이자 동반자들이 이미 수천 명이 넘는다. 당신은 오늘도 옆 사람이 급등주에 올라타서 돈을 벌었다는 자랑을 들었는가? 이 책을 읽고 나면 당신은 자신 있게 말할 수 있을 것이다. 주식은 도박이 아니라는 것을!

CONTENTS

CHAPTER 04

무한매수법과 장투 중에 무엇이 나을까

CHAPTER 05

라오어가 온몸으로 실패하며 배운 깨달음

CHAPTER 01

경제적 자유를 얻고 싶으면 미국주식을 시작하라

왜 미국주식에 투자해야 할까. 오늘날 미국기업들이 만든 제품이 없는 일상을 상상하기 힘들 정도로, 미국기업은 이미 우리의 생활 깊숙이 들어와 있다. 그리고 이들의 영향력이 미래사회에도 지대한 영향을 미칠 것이기 때문이다.

우리는 맥도날드에서 점심으로 햄버거와 코카콜라를 먹기도 하고, 점심식사 후 스타벅스 커피를 마시고, 리스테린으로 가글을 한다. 윈도우가 깔린 IBM 컴퓨터에서 구글을 통해 검색하고, 아이폰으로 인스타그램에 접속하여 친구들의 소식을 접한다. 필자의 친구는 얼마 전 테슬라 자동차를 사서 자율주행으로 돌아다닌다고 자랑을 했다.

〈겨울왕국2〉가 개봉했을 때 자녀들과 영화관에 가서 관람했고, 이 책을 집필하는 시점에는 코로나 바이러스 때문에 영화관 대신 넷플릭스를 주로 이용하고 있다. 또한 줌(ZOOM)을 통한 온라인수업 또는 재택근무도 활발하게 이루어지고 있다.

이처럼 이미 우리의 생활은 하루에도 수십 개의 미국기업과 연관되어 움직이고 있다. 당신은 10년 뒤, 20년 뒤에 스타벅스 커피를 마실 수 없게 되는 것을 상상할 수 있는가?

세계 1위 패권국가인 미국은 전 세계 경제의 중심지이다. 매년 세계의 내로라하는 인재들이 미국으로 모이고 있으며, 오늘날 세계는 4차 산업혁명을 목전에 두고 있다. 게다가 2010년대 초 셰일가스 혁명에 힘입어 미국은 중동을 상대로 정치적, 경제적으로 유리한 입장을 거머쥐었다.

인터넷이 발달하면서 더 다양한 국가의 더 많은 사람들이 미국주식에 접근하기 용이해지고 그럴수록 미국에 더 많은 돈이 몰린다. 우리나라도 5년 전까지만 해도 개인이 미국주식에 투자하기 쉽지 않았다. 현재 중국에서는 미국주식 투자가 금지된 상태이지만, 미국주식에 투자할 수 있게 만들고자 중국 내에서도 활발하게 논의되고 있다고 한다.

다음은 미국의 대표적인 주식지수인 'S&P500'의 11년 동안의 차트다. 한국의 '코스피(KOSPI)' 차트와 비교해 살펴보길 바란다.

코스피는 박스피(코스피는 박스 안에서만 지수가 오르내린다는 의미)라는 오명을 지니고 있다가, 처음으로 코스피지수 2,000을 돌파한 2007년 이후로 14년 만인 2021년에야 코스피지수 3,000을 돌파할 수 있었다.

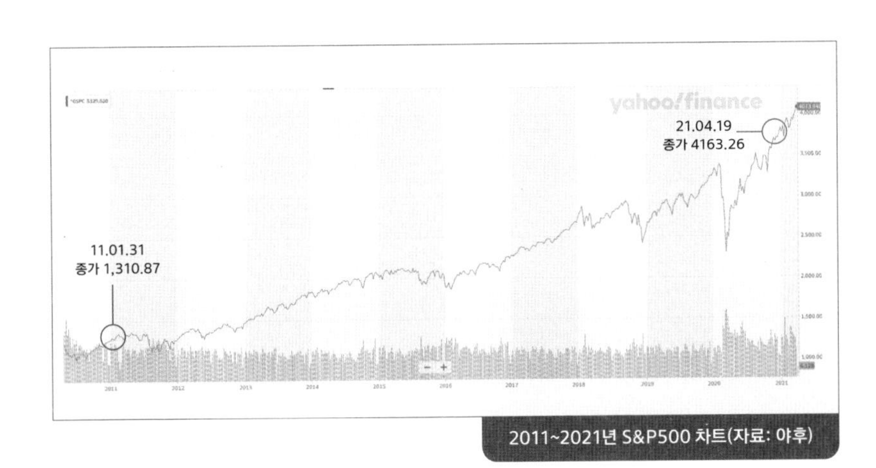

2011~2021년 S&P500 차트(자료: 야후)

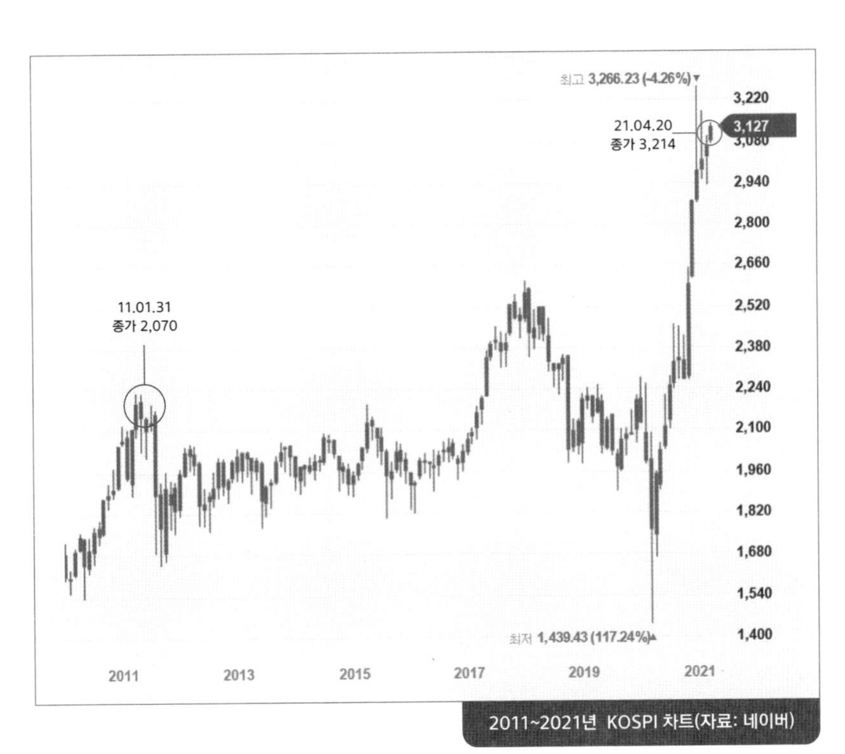

2011~2021년 KOSPI 차트(자료: 네이버)

하지만 앞으로도 계속 3,000대에 머무를 수 있을지는 아직 미지수이다. 한편 S&P500의 경우 2011년 1,000대에 머무르다 2021년에 들어선 4,000을 돌파했다. 같은 기간 동안 코스피가 약 150% 오르는 동안 S&P500은 320%가 상승한 것이다.

결국 주가는 돈이 몰려야 오를 수 있다. 장기적으로 보았을 때 미래에 전 세계의 돈이 한국주식에 많이 몰릴까, 미국주식에 많이 몰릴까? 당신의 생각은 어떠한가?

닷컴버블과 리먼브라더스 사태가 다시 올까?

과거도 그랬지만 현재 상황을 보았을 때 앞으로도 미국은 패권국가의 지위를 쉽사리 잃어버리지 않을 것이라 본다. 만약 미국이 앞으로도 대국의 위치를 고수하리라 생각한다면 망설임 없이 미국주식에 투자하길 권한다.

필자가 인터넷 카페에 투자법을 게시하던 초기, 직접 개발한 '무한매수법'을 공유할 때 가장 많이 비판받았던 지점이 닷컴버블과 리먼브라더스 사태의 시기다. 닷컴버블은 1990년대 말부터 2000년 초까지 인터넷 관련 산업이 발전하며 시장이 필요 이상으로 평가절상되었던 시기다. 리먼브라더스 사태는 2007년부터 불거진 미국 부동산 가격 하락에 따른 서브프라임모기지 부실 사태로 야기된 세계적 경제위기다. 필자는 개인적으로 이런 사태는 다시 오기 힘들다고 생각한다.

첫 번째, 이 사건들 이후로 금융법이 많이 바뀌었다. 이런 큰 사건들을 겪고 아무 변화가 없었을 리 없지 않은가? 닷컴버블 때는 IT 회사란 이유로 매출도 없는 기업의 주가가 치솟은 비이성적인 시대였다. 이 책에서 상세히 설명하긴 어렵지만 1930년대 대공황, 닷컴버블, 리먼 사태 등 역사적인 사건 이후로 항상 이를 예방하기 위해 금융법이 변화했다.

두 번째는 양적완화다. 닷컴버블 시기에는 양적완화를 시행하지 않았고 오로지 금리로만 위기를 돌파하고자 했기 때문에, 회복에 오랜 시간이 걸렸다. 리먼 브라더스 때는 양적완화를 하긴 했으나 시기가 좀 늦었다. 한편 코로나 사태 때는 어땠을까? 미국은 모두가 놀랄 만큼 엄청난 속도, 그리고 엄청난 양의 양적완화를 한다. 그리고 코로나 사태가 진정되기 전에 금융시장은 위기를 대부분 극복했다.

세 번째, 5G 시대의 도래다. 예전에는 정부가 직접 국민들에게 돈을 뿌리려고 해도, 동사무소에 가서 서류를 작성하고, 은행통장 사본을 제출하고, 몇 달이 걸려서야 돈을 지급받을 수 있었다. 가까운 일본만 해도 아직도 팩스로 많은 서류를 주고받는다.

지금은 개인 스마트폰의 보급으로 본인 인증하는 절차가 간소해졌고 그만큼 위기에 대응하기 위해 어떠한 정책을 시행하는데 드는 시간이 과거와 비교할 수 없을 만큼 빨라졌다. 앞으로 5G 시대를 거쳐 6G, AI 시대가 오면 엄청난 발전을 이룰 것이다.

네 번째는 일반인들의 학습이다. 닷컴버블과 리먼브라더스 사태는 일반인들에게도 엄청난 손해를 안겨준 사건들이다. 닷컴버블 때는 실적도 매출도 없는 기업들의 주가가 수천 배 폭등했다. 수입이 없는 사람들, 심지어 강아지 이름으로도 부동산 대출을 해줬던 때가 리먼 때다. 2021년 상반기 기관의 공매도 전략에 개인 투자자들이 맞선 GME(게임스탑) 사태만 해도 리먼브라더스 사태 때 상처받은 사람들의 분노가 연결되어 있다. 사람들이 이 두 번의 사태를 기억한다는 걸 반증한다.

개인적으로 필자는 코로나 사태가 앞선 근거들을 증명했다고 생각한다. 코로나 사태가 과연 닷컴버블이나 리먼브라더스 사태에 비해 가벼워서 빠르게 금융시장이 회복한 것일까? 전혀 아니다. 코로나는 역사상 손에 꼽힐만한 대형 악재였다. 전 세계가 모두 글로벌화를 가치로 걸고 경쟁하는 시대에 처음으로 국가의 문을 닫은 시기다. 이 폐쇄정책으로 인해 몇몇 나라는 경제적으로 파산의 위기에 처할 수 있을 만큼 심각한 상황을 맞이했다. 그러나 코로나 사태가 있었던 2020년 당시의 그래프를 찾아 보면 닷컴버블과 리먼 때와는 비교도 안 되게 빨리 위기를 돌파한다. 닷컴버블과 리먼브라더스 사태로 얻은 교훈이 작용한 것이다.

대양적완화의 시대다. 그만큼 화폐의 가치는 빠르게 떨어지고 있다. 이 시기에 레버리지를 하지 않으면 떨어지는 화폐 가치의 속도를 따라잡을 수 없다. 투자가 필수인 이유이자, 세계 경제의 중심인 미국주식에 투자해야 할 이유다.

당신이 미국주식에 투자하기로 결심했다고 하자. 주식으로 돈을 벌려면 딱 한 가지만 알면 된다. '싸게 사서 비싸게 판다.' 그런데 왜 주식으로 돈을 잃는 사람이 많은 걸까? 이제부터 이 책의 전반부에서 다룰 내용을 망라하는 재미있는 이야기를 들려주고자 한다. **무한매수법은 특정한 성격의 주식 종목을 필자가 정립한 기준에 따라 지속적으로 매수하고, 목표한 수익률에 도달했을 때 매도로 수익을 실현하는 투자법이다.** 이 이야기는 무한매수법의 전반적인 개념과 원리를 포괄하는 내용이니 주의 깊게 보길 바란다.

당신은 지금 어떤 주식의 차트를 보고 있다. 가상의 그래프가 아니라

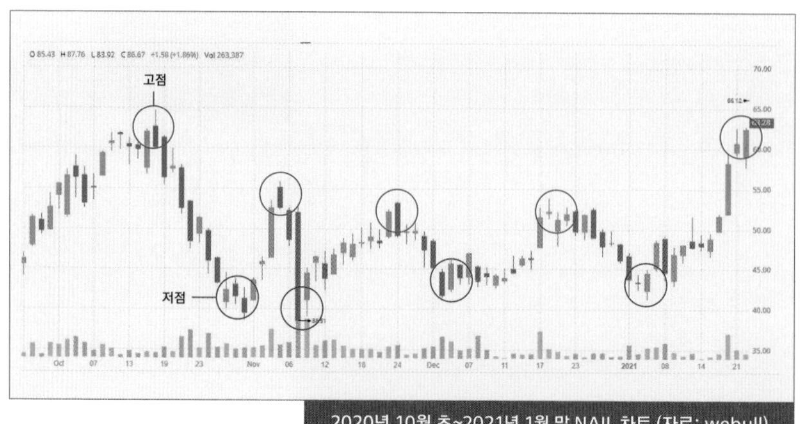

2020년 10월 초~2021년 1월 말 NAIL 차트 (자료: webull)

실제 데이터이다. 위 그래프는 2020년 10월 초부터 2021년 1월 말 사이 3개월 동안의 미국주식 NAIL의 차트다. 당신이 만약 이 시기에 이 주식에 투자한다면 어떻게 해야 했을까? 아마 '저점에서 사서 고점에서 팔면 되는 것 아닌가?'라고 생각할 것이다. 지나간 차트를 보며 이렇게 생각하는 것을 '사후 확신 편향(Hindsight bias)'이라고 한다. 답안지를 보고 있으면 지나간 시험은 꽤 쉽게 느껴진다. 하지만 실시간으로 매수를 할지 매도를 할지 결정하는 일은, 지나간 차트를 보는 것과는 천지차이이다.

당신은 5분 후에 이 차트가 어떻게 변할지 맞힐 수 있을까?

나에게도 남에게도 흔한 이야기

다음은 내 이야기이자 가까운 친구 이야기일 수도 있는 홍배짱 씨의 경험이다. 계산상 편의를 위해 1달러를 대략 1,000원이라고 가정하겠다.

홍배짱 씨는 2020년 여름부터 가을까지 NAIL 주가가 지속적으로 상승하는 것을 지켜보고 있었다. '떨어지면 매수해야지, 떨어지면 매수해야지' 생각하며 기다리고 있었지만, 원하는 가격대에 이르지 않았다. 9월에 잠깐 진통을 겪는 것 같더니, 결국 전고점을 계속 돌파하고 있었다.

이 주식을 미리 매수하지 못했다는 생각으로 매일 자책하던 홍배짱 씨는 결국 2020년 10월 15일에 61달러라는 가격으로 이 주식을 164개, 약 1,000만 원어치를 매수했다. 홍배짱 씨가 주식을 산 첫날, 이날을 '1day'라고 하자. 첫날 순간적으로 주가는 62달러를 넘었고 종가도 62달러에 근접한 61.94달러로 마감했다. 첫날부터 15만 원이나 늘어난 것이다. 그리고 다음날인 10월 16일 2day에 주가가 고점 64.71달러까지 가는 것을 보고, 홍배짱 씨는 '역시 매수하길 잘했다'며 흐뭇해했다. 장중 고점

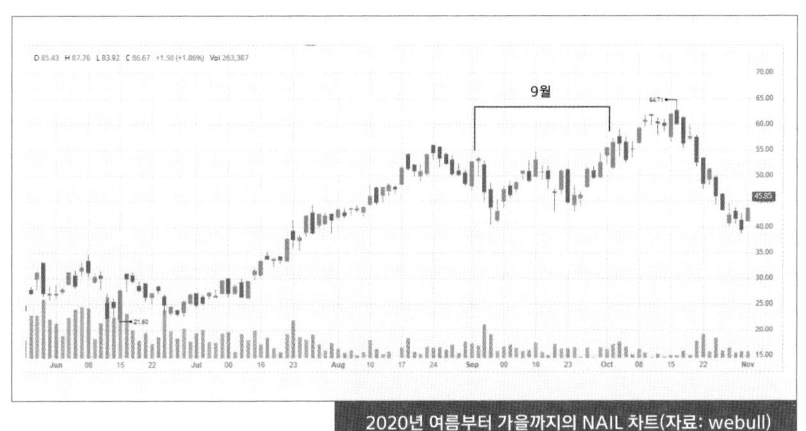

2020년 여름부터 가을까지의 NAIL 차트(자료: webull)

의 순간 홍배짱 씨의 평가금은 약 플러스 61만 원이었다.

하지만 2day의 장 마감 즈음에 주가가 크게 하락하기 시작했다. 홍배짱 씨 평가금은 결국 소폭 마이너스로 전환되었다. 게다가 3day에 종가가 전날 대비 하루만에 무려 6.24%가 하락하는 경험을 하게 된다. 그리고 4day는 아주 조금 상승하는 듯싶더니, 5day에 -8.8%, 6day에 -7.82%라는 큰 하락을 연속으로 맞이하게 된다. 홍배짱 씨의 마음은 초조하고 불안해졌다. 새벽 내내 주가를 확인하느라 잠을 설치기도 했다.

그러던 와중에 7day에 +5.98%의 반등이 있었다. 홍배짱 씨는 이날이 탈출할 수 있는 마지막 기회라 생각했고 주가 51달러에 보유한 주식을 전부 매도하였다. 남은 평가금은 약 836만 원. 최종적으로 1,000만 원을 투자하여 약 164만 원의 손실을 확정 짓는 순간이었다.

그나마 어제 저점에 매도하지 않아서 천만다행이라고 생각했다. 최

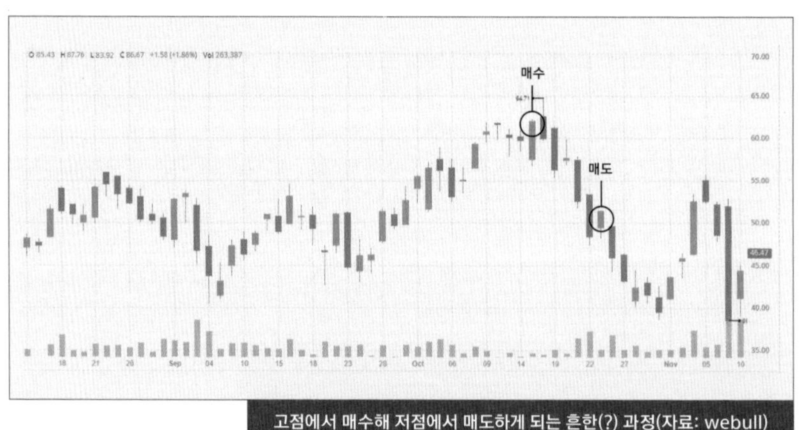

고점에서 매수해 저점에서 매도하게 되는 흔한(?) 과정(자료: webull)

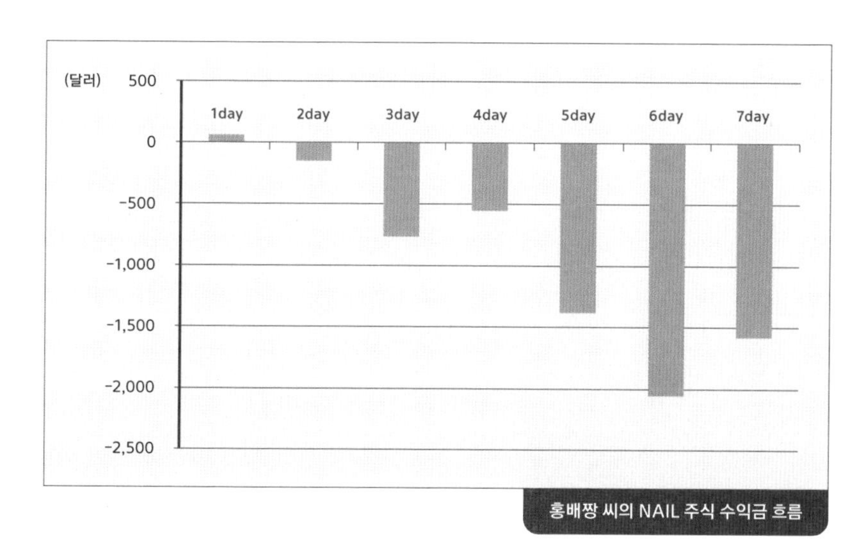

홍배짱 씨의 NAIL 주식 수익금 흐름

일차	매수단가(종가)	평단가	보유개수	매수금	평가금	수익금	수익률
1day	61.94	61	164	10,004	10,158	154	1.54%
2day	60.08	61	164	-	9,853	-150	-1.51%
3day	56.33	61	164	-	9,238	-765	-7.66%
4day	57.64	61	164	-	9,452	-551	-5.51%
5day	52.57	61	164	-	8,621	-1,382	-13.82%
6day	48.46	61	164	-	7,947	-2,056	-20.56%
일자	매도단가	평단가	매도개수	매수금	매도금	수익금	수익률
7day	51	61	164	10,004	8,364	-1,640	-16.4%

홍배짱 씨의 7day간의 NAIL 매매 기록(단위: 달러)

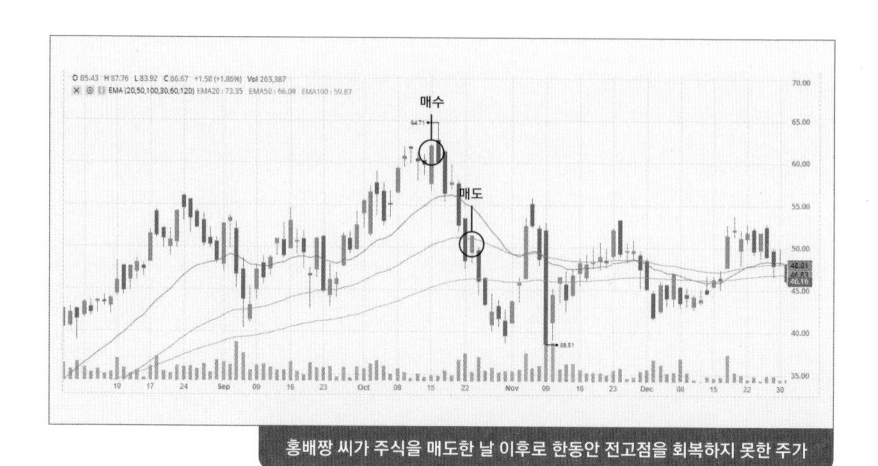

홍배짱 씨가 주식을 매도한 날 이후로 한동안 전고점을 회복하지 못한 주가

종적으로 손해를 보았음에도 어제 팔았다면 210만 원가량을 손해 봤을 것인데 하루를 버틴 덕에 164만 원만 손해 본 것이다. 외려 50만 원 정도를 번 것 같은 기분도 들었다.

그래도 164만 원을 잃었다는 사실은 계속 홍배짱 씨의 속을 쓰리게 만들었다. 석 달 이상 먹고 싶은 것을 덜 먹고, 사고 싶은 것을 덜 사야 모을 수 있는 돈이었다. 차라리 '사고 싶었던 노트북이나 살걸…' 하는 생각이 머릿속을 떠나지 않았다. 홍배짱 씨는 오랜만에 어머니에게 전화를 걸었다. 평소 용돈을 더 드리지 못한 것이 죄송스러웠다.

그날 이후로도 주가는 계속해서 하락했다. 그제야 홍배짱 씨는 다행이라며 안도의 한숨을 내쉬었다. 10월 30일엔 주가가 39달러 선까지 떨어졌다. 더 버텼다면 164만 원이 아니라 360만 원 넘게 잃을 뻔했다.

이후에도 한동안 주가는 왔다 갔다 파도를 쳤다. 가끔은 홍배짱 씨가 매도한 가격인 51달러보다 살짝 위로 갔던 적도 있었지만, 3개월이 지나도 여전히 매수가격인 61달러는 회복하지 못한 채 세월이 흘러갔다. 영원히 이 차트는 고점을 뚫지 못할 것처럼 보였다.

홍배짱 씨는 뭘 해야 했을까?

그렇다면 홍배짱 씨가 손해를 보지 않으려면 어떻게 했어야 할까? 홍배짱 씨 사례는 우리 주변에서 흔히 찾아볼 수 있다. 흔한 개미들에게 홍배짱 씨가 했어야 하는 일이 무엇이었는지 질문하면 뭐라고 답할까?

하나, 차트 분석이 필요했다? 이동평균선(이평선)상 고점이라서, RSI(Relative Strength Index)상 과매수 구간이라 매수하면 안 되었던 걸까? 볼린저밴드나 거래량을 파악해야 했을까? 이동평균선은 일정 기간 동안의 주가를 산술평균한 값을 연결해 주가의 추세를 표현한 선이다. 볼린저밴드는 이를 활용해 변동폭을 범위로 표현한 지표이며 RSI는 주식의 매수 또는 매도에 대한 강도를 나타낸 지표다. 이런 지표들을 제대로 체크하지 못한 것이 홍배짱 씨의 패착인 걸까?

둘, 회사를 분석했어야 했다? 이 종목과 연관된 회사의 공시자료를 찾아봤어야 했을까? 유상증자를 계획하고 있는지, 매출은 오르고 있는지 조사했어야 하나?

셋, 미국의 실물경제 분위기를 파악해야 했다? 금리 추세는 요즘 어떤가? 실업률은 내려가고 있는가? 중국과의 수출, 수입 시 관세정책은 어떻게 변하고 있는가? 아니면 어디선가 테러나 전쟁이 발발했나?

전업 투자자도 아니고 본업만으로도 바쁜데, 어디까지 분석하고 얼만큼 주식에 시간을 쏟아야 하는 걸까? 그렇게 분석해서 확실한 수익을 내는 것이 가능하기는 한 걸까? 주식에 대한 당신의 마인드는 혼란스럽기만 하다.

이제 다음 장부터 **홍배짱 씨와 비슷한 시기에 이 주식을 더 높은 가격에 매수한 직장 동료 김개미 씨 이야기를 들려주고자 한다.** 앞서 적은 홍배짱 씨보다 조금은 더 흥미로운 스토리가 펼쳐진다.

김개미 씨는 홍배짱 씨의 직장 동료다. 홍배짱 씨가 NAIL을 추천한 여름부터 같은 종목의 차트를 오랫동안 눈여겨보고 있었다. 혹시나 폭락장이 오면 들어가고 싶었지만 기대했던 가격으로 내려오지 않아 시간만 흘려보내게 되었다.

그러던 중 10월 16일, 출근을 했는데 동료 홍배짱 씨가 "어제 주가가 61만 원이라 1,000만 원치를 매수했는데, 하루 만에 총평가금이 15만 원이나 올랐어"라고 자랑하는 걸 듣게 되었다. 안 그래도 수개월 동안 상승하던 차트를 보며 기약 없이 기회를 노리던 와중에, 하루 만에 십수만 원을 벌었다는 홍배짱 씨의 자랑을 들으니 속이 뒤집혔다. 그래서 바로 그

날이었던 10월 16일, 홍배짱 씨가 처음 주식을 매수한 지 '2day'째 되는 날, 김개미 씨는 연이율 1.4%짜리 2년 만기로 50만 원씩 넣던 적금을 중도해지하기로 결심하고 똑같이 1,000만 원을 마련했다. 어차피 2년을 꽉 채워도 원금 1,200만 원에 이자가 15만 원도 안 되는 적금이었다. 이미 홍배짱 씨는 단 하루 만에 2년 이자를 벌지 않았는가? 김개미 씨는 더 늦기 전에 서둘러 이 주식을 매수하고 싶었다.

당시 미국주식장은 서머타임이 적용되어 한국 시간으로 밤 10시 30분에 개장했다. 퇴근 후 슬슬 매수를 준비하던 김개미 씨는 수중에 OTP가 없다는 사실을 깨달았다. 몇 개월 동안 OTP를 거의 사용하지 않아, OTP를 어디에 두었는지 기억이 나질 않았다. 예전에 OTP 없이 이체할 수 있는 금액의 한도를 50만 원으로 설정한 적이 있었기 때문에, 어쩔 수 없이 증권계좌로 50만 원만 이체하고 장이 열리자마자 50만 원으로 시장가인 62달러에 8개를 매수하게 되었다. 이체한도를 늘리는 것조차 OTP가 필요하다는 사실은 그를 더 속상하게 만들었다.

홍배짱 씨는 1주당 61달러에 NAIL을 매수했었다. 김개미 씨는 홍배짱 씨보다 더 높은 가격인 62달러에 주식을 매수한 것도 속상했지만 그보다 1,000만 원을 다 사용하지 못한 것이 제일 아쉬웠다. 하루라도 빨리 주식을 사서 더 큰 수익을 얻어야 하는데 현금을 950만 원이나 놀게 놔둬야 하는 상황이 너무 싫었다.

그런데 장 마감 시간 즈음에 주식이 하락하기 시작했다. 김개미 씨는 주식을 시작하자마자 평가금이 마이너스가 되었다. 일단 다음날 회사에

출근해 혹시 OTP를 회사 서랍에 두진 않았는지, 자동차에 떨어져 있는 건 아닌지 열심히 찾아보았다. 결국 OTP는 찾지 못했고 그러던 도중에 회사일이 바빠서 은행에 가지도 못했다. 그렇게 그날 밤 다시 미국 주식장을 맞이하게 되었다.

10월 17일 밤(홍배짱 씨 기준 '3day'), 김개미 씨는 결국 OTP 없이 50만 원을 증권계좌로 이체한 후 주식을 추가로 58달러에 8개를 매수하게 되었다. 이날도 주가는 하락해 최종적으로 -6.24% 하락한 56.33달러로 마감됐던 만큼 전반적으로 장 분위기가 좋지 않았다. 김개미 씨는 이틀에 걸쳐 총 100만 원을 투자했고 평가금이 마이너스 상태였지만, 하루 만에 1,000만 원을 모두 소진했던 홍배짱 씨의 상황은 더 안 좋았기 때문에, 홍배짱 씨에게 손실을 하소연할 수 없었다. 김개미 씨는 의도치 않게 적금을 해지했던 1,000만 원 중 분할매수로 2day, 3day 이틀에 걸쳐 총

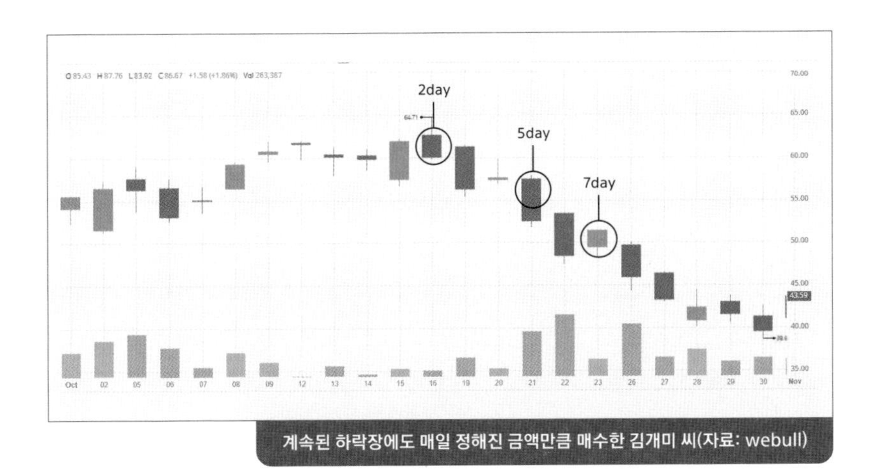

계속된 하락장에도 매일 정해진 금액만큼 매수한 김개미 씨(자료: webull)

100만 원만 사용했던 것이 전화위복이라 생각하기로 했다. 그리고 언제 다시 주가가 반등할 지 예상할 수 없었기 때문에, 굳이 OTP로 이체한도를 늘리지 않고 이대로 하루에 50만 원씩만 계속 매수해보기로 하였다.

그런데 어떻게 된 일인지 주식은 계속해서 떨어졌다. 4day, 5day에도, 6day에도 계속해서 주가는 하락했다. 이제 주가는 48.46달러까지 떨어졌다. 김개미 씨가 처음 매수했던 62달러와 비교했을 때 한 주당 14달러가량 떨어진 것이다. 걱정은 됐지만 김개미 씨는 반등을 기대하며 다시 하루치 투자금인 50만 원으로 주식을 매수했다.

다음 날 김개미 씨는 홍배짱 씨가 이 종목의 손절을 고민 중이라는 소식을 듣게 되었다. 그 말을 듣고 김개미 씨도 불안하였으나, 아직 남은 돈이 많았기 때문에, 지금처럼 계속 50만 원씩 매수해보기로 했다.

다시 다음 날이 되고, 출근해보니 동료인 홍배짱 씨가 극도로 피곤해하는 기색이 느껴졌다. 이날은 홍배짱 씨가 주식을 매수한 지 7일째 되던

일차	종가	매수단가	평단가	매수개수	보유개수	매수금	평가금	수익금	수익률
1day	61.94	-	-	-	-	-	-	-	-
2day	60.08	62	62	8	8	496	481	-15	-3.02%
3day	56.33	58	60	8	16	464	901	-59	-6.15%
4day	57.64	58	59.33	8	24	464	1,383	-41	-2.88%
5day	52.57	55	58.15	9	33	495	1,735	-184	-9.59%
6day	48.46	50	56.26	10	43	500	2,084	-335	-13.85%

분할매수를 실시한 김개미 씨의 투자기록(단위: 달러)

7day였다. 이 당시 홍배짱 씨 평가금은 약 795만 원으로 원금 1,000만 원에서 마이너스 205만 원인 상태였다. 김개미 씨는 홍배짱 씨 표정이 너무 안 좋아, 얼마를 잃고 있는지 물어볼 수 없었다.

김개미 씨가 6day까지 투자한 금액은 약 242만 원에 평단가는 56.26달러였다. 그리고 아직 사용하지 않은 758만 원이 있었다. 7day에는 반등이 있었다. 종가 +5.98%로 51.36달러로 장이 마감했다. 주가는 50달러대를 탈환하였다. 김개미 씨는 다시 어제와 같이 개당 50달러 10주를 매수하였다. 하루가 지나고 김개미 씨는 홍배짱 씨가 그 주식을 손절하고 그만두었다는 소식을 듣게 되었다. 그 말을 듣고 김개미 씨도 불안하였으나, 아직 남은 돈이 많았기 때문에, 기존 방식대로 계속해서 50만 원씩 매수해보기로 했다.

계속해서 '떡락'하는 주가, 과연 결말은

7day의 깜짝 반등 이후로 8day, 9day, 10day, 11day, 12day까지 계속해서 주가는 떨어졌다. 10월 30일 12day가 되었을 때 주가는 39.55달러였고 김개미 씨가 시드로 준비했던 1,000만 중 절반이 사용된 상태였다. 이쯤 되자 홍배짱 씨의 표정이 다시 좋아지기 시작했다. 그는 계속 주식을 가지고 있었으면 큰 손해를 볼 뻔했다며 김개미 씨에게 어떻게 되어가고 있는지 물었다. 김개미 씨의 수익률은 -19.40%, 약 100만 원의 손해를 보고 있는 상태였다.

일차	종가	매수단가	평단가	매수개수	보유개수	매수금	평가금	수익금	수익률
7day	51.36	50	55.08	10	53	500	2,722	-197	-6.75%
8day	46	47	53.79	10	63	470	2,898	-491	-14.49%
9day	43.3	45	52.49	11	74	495	3,204	-680	-17.51%
10day	42.37	43	51.26	11	85	473	3,601	-756	-17.35%
11day	41.61	42	50.2	11	96	462	3,995	-824	-17.10%
12day	39.55	40	49.06	12	108	480	4,271	-1,028	-19.40%

2020년 10월 23일~2020년 10월 30일까지 매수 기록(단위: 달러)

그런데 13day가 되던 날, 드디어 다시 주가가 상승하기 시작했다! 여전히 김개미 씨의 평단가보다 한참 아래였지만 희망이 생기기 시작했다. 전날 대비 종가 +10.21%에 43.59달러로 마감하였다. 상승장을 기대한 김개미 씨는 그날 장 중에 또다시 50만 원으로 42달러에 11주를 매수했다.

14day에도 추가상승 분위기였다. 종가 45.85달러로 마감하였다. 김개미 씨의 평단가에 상당히 근접하는 상황까지 왔고, 김개미 씨는 이날도 50만 원으로 45달러에 11주를 매수했다. 이제 투자에 총 625.6만 원을 사용한 상태가 됐다.

15day에 드디어 수익의 기회가 왔다. 전날 대비 14.53%가 상승한 52.51달러로 마감했던 날이고, 이날 고가는 53.56달러였다. 김개미 씨는 큰 욕심 부리지 않고 본인의 평단가인 48.12달러 대비 +10% 수익 지점인 52.94달러에 매도를 미리 걸어놓고 잠을 청했다. 그리고 자고 일어났더니 +10% 수익지점인 52.94달러에 이때까지 모았던 NAIL 130주가 매도되었

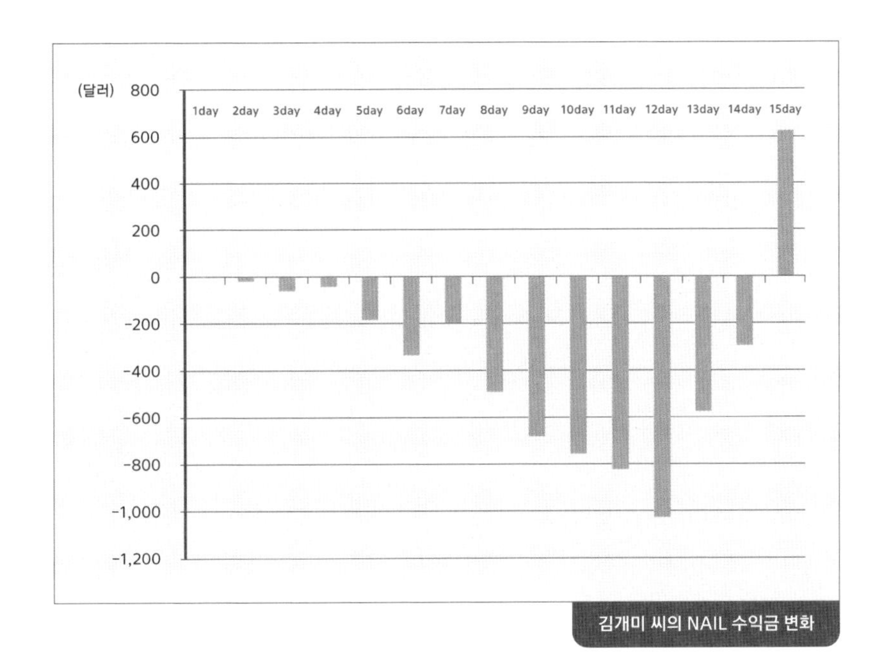

김개미 씨의 NAIL 수익금 변화

다는 사실을 알게 되었다. 그다음 날인 16day에 NAIL 주가는 더 상승했지만, 그동안 마음고생했던 것에 비해 10% 수익도 감사하다고 생각하게 되었다.

최종적으로 투자액 625.6만 원에 수익 약 62만 원을 확정 짓는 순간이었다.

그의 원금은 이제 1,000만 원에서 1,062만 원이 되었고, 단기간에 1.4% 이율의 2년 만기 적금 이자의 4배에 달하는 수익을 확정하게 되었다. 김개미 씨는 첫 매수를 62달러로 시작했으나, 그보다 한참 낮은 52.94달러에 매도하고서도 쏠쏠한 수익을 얻었다. 단 3주 만에 벌어진 일이었다.

김개미 씨는 OTP의 분실로 의도치 않게 분할매수를 몸소 체험하면서, 현금을 한번에 투자하는 것이 절대 최고 수익을 안겨다 주지 않는다는 것을 깨닫게 된다.

날짜	일차	종가	매수단가	평단가	매수개수	보유개수	매수금	평가금	수익금	수익률
10월 15일	1day	61.94	-	-		-	-	-	-	-
10월 16일	2day	60.08	62	62	8	8	496	481	-15	-3.02%
10월 19일	3day	56.33	58	60	8	16	464	901	-59	-6.15%
10월 20일	4day	57.64	58	59.33	8	24	464	1,383	-41	-2.88%
10월 21일	5day	52.57	55	58.15	9	33	495	1,735	-184	-9.59%
10월 22일	6day	48.46	50	56.26	10	43	500	2,084	-335	-13.85%
10월 23일	7day	51.36	50	55.08	10	53	500	2,722	-197	-6.75%
10월 26일	8day	46	47	53.79	10	63	470	2,898	-491	-14.49%
10월 27일	9day	43.3	45	52.49	11	74	495	3,204	-680	-17.51%
10월 28일	10day	42.37	43	50.2	11	85	473	3,601	-756	-17.35%
10월 29일	11day	41.61	42	50.2	11	96	462	3,995	-824	-17.10%
10월 30일	12day	39.55	40	49.06	12	108	480	4,271	-1,028	-19.40%
11월 02일	13day	43.59	42	48.41	11	119	462	5,187	-574	-9.96%
11월 03일	14day	45.85	45	48.12	11	130	495	5,961	-295	-4.72%
날짜	일차	최고가	매도완료	평단가	매도개수	총매수금	매도금	수익금	수익률	-
11월 04일	15day	53.56	52.94	48.12	130	6,256	6882.2	624	10.00%	-

2010년 10월 16일~2020년 11월 4일까지 김개미 씨의 NAIL 투자기록(단위: 달러)

04 손절과 익절을 가른 운명의 OTP

홍배짱과 김개미, 두 사람은 똑같이 원금 1,000만 원으로 주식투자에 뛰어들었다. 같은 종목을 같은 시기에 투자했다. 그런데 결과는 판이하게 다르다. 홍배짱 씨는 164만 원을 잃었고, 김개미 씨는 62만 원의 수익을 얻었다. 도대체 무슨 일이 일어난 것일까? **만약 홍배짱 씨도 상승장까지 '존버'했으면 김개미 씨처럼 익절했을까?** 홍배짱 씨가 김개미 씨가 익절한 날까지 존버했고, 매도한 당일의 최고가에 주식을 매도했다고 가정하고 두 사람의 수익률을 비교해보자. 그럼에도 홍배짱 씨는 손절을 피할 수 없었다. 손해는 줄어들겠지만 여전히 약 120만 원을 손해보게 된다.

이 차이는 어디에서 비롯된 것일까? 김개미 씨는 OTP를 분실하여 본의 아니게 50만 원씩 분할매수를 했다. 주가는 꾸준히 하락했지만, 하락장에도 계속해서 주식을 '분할매수'하면서 내가 가진 주식들의 **'평균매수단가(평단가)'**가 내려가는 효과를 볼 수 있었다. 때문에 주가가 반등하였을 때, 같은 시기에 주식을 한 번에 매수했던 홍배짱 씨보다 매수금이 낮았음에도 불구하고 수익을 얻을 수 있었다. 분할매수의 힘이 원금을 다 사용하기 전에 수익권에 도달할 수 있도록 만들어줬던 것이다.

	홍배짱			김개미		
일자	평가금	수익금	수익률	평가금	수익금	수익률
1day	10,158	154	0.00%	0	0	0.00%
2day	9,853	-151	-1.51%	481	-15	-3.02%
3day	9,238	-766	-7.66%	901	-59	-6.15%
4day	9,453	-551	-5.51%	1,383	-41	-2.88%
5day	8,621	-1,383	-13.81%	1,735	-184	-9.59%
6day	7,947	-2,057	-20.56%	2,084	-335	-13.85%
7day	8,423	-1,581	-15.81%	2,722	-197	-6.75%
8day	7,544	-2,460	-24.60%	2,898	-491	-14.49%
9day	7,101	-2,903	-29.03%	3,204	-680	-17.51%
10day	6,949	-3,055	-30.55%	3,601	-756	-17.35%
11day	6,824	-3,180	-31.80%	3,995	-824	-17.10%
12day	6,486	-3,518	-35.18%	4,271	-1,082	-19.40%
13day	7,149	-2,855	-28.55%	5,187	-574	-9.96%
14day	7,519	-2,485	-24.85%	5,961	-295	-4.72%
15day	8,784	-1,220	-12.00%	6,882	624	10.00%

홍배짱이 '존버'했을 경우 김개미와의 투자 기록 비교(단위: 달러)

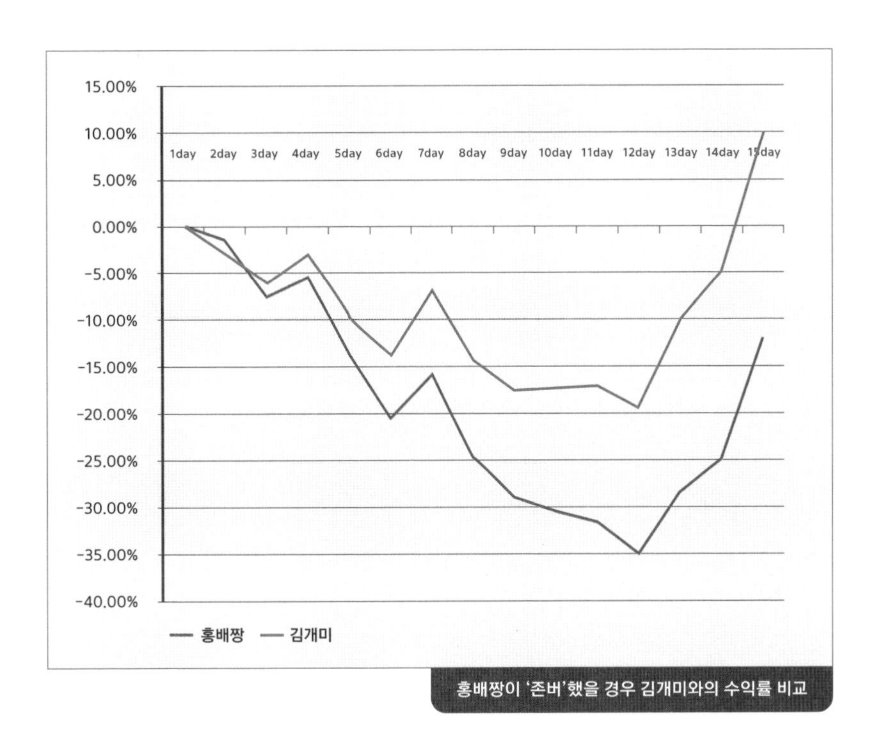

홍배짱이 '존버'했을 경우 김개미와의 수익률 비교

이제부터 진짜 돈 버는 이야기 시작

우리는 원금을 쪼개 꾸준히 분할매수를 하면, 평단가를 낮추는 동시에 잠깐의 반등에도 보유한 주식을 매도했을 때 수익을 얻을 수 있도록 만드는 효과를 누릴 수 있다는 걸 확인했다. 하지만 여기서 한 가지 의문이 생긴다. 만약 주가가 계속해서 **더 긴 시간 동안 하락**했다면 어떤 일이 벌어졌을까? 매일 50만 원씩 주식을 매수한다고 했을 때 김개미 씨의 원금 1,000만 원은 총 20회를 매수하면 모두 소진하게 된다. 만약 그때까지 주식이 반등하지 않으면 손해를 보는 것이다.

① 만약 분할매수를 해야 한다면 몇 번을 쪼개야 할 것인가?

② 그리고 어떤 종목을 골라야 할 것인가?

③ 최종적으로 언제 매도해야 하는 것인가?

여기까지 읽었다면 당신은 이미 '평생 주식으로 돈 버는 방법'의 절반 이상을 터득한 것이다. 이제부터 당신이 궁금해 하는 지점에 대해 쉽고 정확하게 기술할 것이다.

무한매수법 실천법은 굉장히 단순해서 주식 초보자도 손쉽게 이해할 수 있다. 무한매수법 방법 자체는 일부러 심플하게 만들고자 했다. 그 방법이 나오기까지 많은 고민과 백테스트가 있었지만 말이다. 끝까지 읽고 나면 필자가 왜 무한매수법을 책으로 내도 될 만한 이야기인지 고민할 정도였는지 공감하게 될 것이다.

5분 만에 미국주식 계좌 만들기

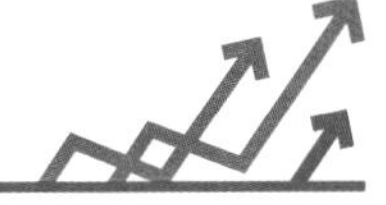

심리적으로 해외시장에 두려움을 느끼고, 자국 내 투자비중을 더 크게 가져가려는 경향을 '자국편향성(Home Country Bias)'이라고 부르며, 특히 모국어가 영어권이 아닌 나라에서 그런 경향이 더 크다고 한다. 우리나라 또한 자국편향성이 높은 국가에 속한다. 대부분의 우리나라 사람들은 주식을 생각하면 한국주식을 떠올리는데, 미국주식장이 한국 시간으로 밤에서 새벽에 걸쳐 열리기 때문에, 바이오리듬상 잠을 자는 시간인 것도 한몫한다.

미국주식시장이 전 세계 주식시장 시가총액의 약 50%, 즉 절반 정도를 차지하는 데 반해 한국이 차지하는 비중은 약 2%에 불과하다. 게다가 삼성전자 한 종목의 비중이 굉장히 높은 편이다. 이것 때문에 한국거래소에서 코스피200 지수 내의 삼성전자 비중을 '30% 한도'로 제한하는 시가총액상한제(CAP)를 기획했으며, 실행단계에 가까워져간다고 한다. 이 글을 쓰고 있는 2021년 3월 기준으로 적용 여부가 미뤄진 상황이며 적용여부를 재논의할 예정이라고 한다. 그만큼 코스피는 삼성전자의 등락에 많은 영향을 받고 있고, 한 종목에 편중된 현상은 장기적으로 한국 주식시장에 악재가 될 수도 있는 부분이다.

미국의 시가총액 1위 기업인 애플의 시가총액은 이미 코스피 전체 시가총액을 넘은 상태이고, 코스닥까지 합쳐야 애플의 시가총액과 비슷하다. 미래에는 애플과 한국 전체 시가총액의 격차가 더 벌어질 것으로 보인다.

미국은 애플, 테슬라, 아마존, 페이스북, 구글 등의 개별주도 매력적이지만, ETF의 천국이기도 하다. 특히 주식경험이 적은 사람은 ETF만 매수해도 웬만한 개별주 수익을 이길 수 있다. ETF 자체가 여러 회사를 묶어 조합한 상품인 만큼 분산투자 효과가 있어, 개별회사의 등락에 일희일비할 필요가 없이 장기 우상향 하리라 믿고 따라가도 된다. ETF도 개별주와 똑같이 쉽게 매매가 가능하다. 필자는 오로지 ETF만 매매하고 있으며, 개별주에서 얻을 수 있는 큰 수익에 대한 목마름은 레버리지 ETF로 얼마든지 아쉬움을 달랠 수 있다.

이 책에서 간단히 소개할 내용이지만, 미국증권 계좌를 개설하는 방법은 굉장히 쉽다. 책을 보고 따라가도 되고, 쉽게 설명되어 있는 블로그도 많다. 주식매매 또한 휴대폰 증권앱으로 쉽게 할 수 있다. 필자는 미국주식 계좌를 개설하고 컴퓨터로 주식매매를 한 적이 없다. 그리고 실시간 매매를 거의 하지 않고, 밤에는 차트를 보지 않고 잠을 자는 편이다.

휴대폰만 있으면 지금 바로 미국주식을 시작할 수 있다

필자도 미국주식을 시작하기 전에 막연한 두려움이 있었다. 미국주식 계좌를 만들려면 뭔가 굉장히 복잡하고 귀찮은 과정이 있을 것이라고 생각했다. 하지만 미국주식 열풍이 불면서, 많은 증권사에서 비대면으로 미국주식 계좌를 만들 수 있는 방법을 대대적으로 홍보하고 있다. 예를 들어 키움증권의 경우 신분증 하나만 있으면 '키움증권 계좌개설' 앱을 통해서 계좌개설 및 공동인증서 발급이 바로 가능하다.

신분증과 휴대폰을 활용한 비대면 계좌 개설

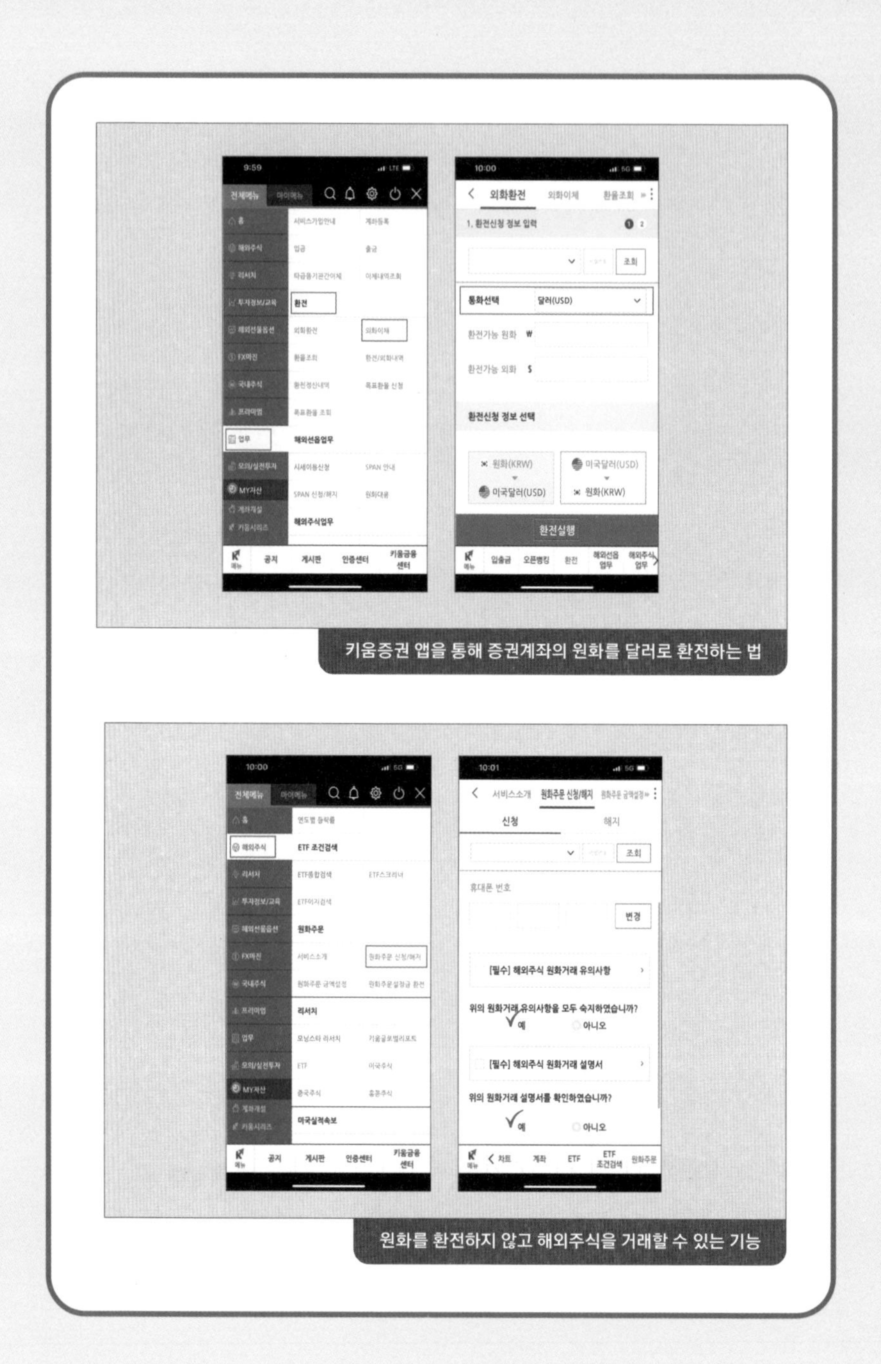

키움증권 앱을 통해 증권계좌의 원화를 달러로 환전하는 법

원화를 환전하지 않고 해외주식을 거래할 수 있는 기능

모든 계좌개설 과정이 5분 안에 끝난다. 그리고 신분증 진위 여부를 확인하기 위해 며칠의 시간이 소요되고, 며칠 후 문자를 통해 계좌개설이 완료되었다는 안내를 받을 수 있다.

환전이 복잡하지 않을까 하는 우려 또한 말끔히 지워도 된다. 키움증권 계좌로 해외주식을 투자할 때 사용하는 '영웅문S 글로벌' 앱을 기준으로 몇 번의 클릭만으로 환전이 모두 종료되며, 심지어 환전 없이 원화거래도 가능하다.

2021년 3월 기준 키움증권의 경우 원화거래 시 환전수수료 무료 이벤트를 진행 중이므로, 환전을 미리 하는 것보다 수수료가 적게 든다. 환전수수료의 경우 회사마다 수수료가 다르고, 또 요율이 변할 수 있기 때문에 주기적으로 확인해서 인지하고 있어야 한다.

CHAPTER

02

주린이도 돈 버는 무한매수법

01 도대체 무한매수법의 수익률은 얼마나 되나요?

초보자가 지금 당장 주식을 한다면 구체적으로 어떻게 투자해야 하는 걸까? 필자가 '무한매수법'이라고 명명한 투자법으로 시작해보길 강력하게 추천한다. 당신은 자연스럽게 분할매수하는 습관을 얻을 수 있을 것이다. 무한매수법은 복잡한 기업분석도 동향분석도 필요 없고 하루에 10분에서 15분만 투자해도 엄청난 수익을 얻을 수 있다. 그렇다면 무한매수법으로 어느 정도의 수익을 기대할 수 있을까? 본격적으로 무한매수법을 소개하기에 앞서 필자가 무한매수법을 통해 실현하고 있는 수익을 공개한다. 이런 수익률은 현재진행형이다.

2021년 3월 기준 6개월간 총수익은 약 1억 300만 원이며, 수익률로

체결기간 2020/10/01 ~ 2020/10/31
전체 외화 ⓘ 실현손익 안내

실현손익 현황

매도금액(원)	286,094,872.00
매수금액(원)	270,354,431.00
정산금액(원)	285,534,159.00
수수료+제세금(원)	560,713.00
손익금액(원)	15,179,727.00

체결기간 2020/11/01 ~ 2020/11/30
전체 외화 ⓘ 실현손익 안내

실현손익 현황

매도금액(원)	152,876,256.00
매수금액(원)	133,612,794.00
정산금액(원)	152,596,982.00
수수료+제세금(원)	279,273.00
손익금액(원)	18,984,188.00

체결기간 2020/12/01 ~ 2020/12/31
전체 외화 ⓘ 실현손익 안내

실현손익 현황

매도금액(원)	154,346,532.00
매수금액(원)	137,911,701.00
정산금액(원)	154,134,964.00
수수료+제세금(원)	211,567.00
손익금액(원)	16,223,263.00

체결기간 2021/01/01 ~ 2021/01/31
전체 외화 ⓘ 실현손익 안내

실현손익 현황

매도금액(원)	159,198,399.00
매수금액(원)	146,186,353.00
정산금액(원)	158,981,949.00
수수료+제세금(원)	216,449.00
손익금액(원)	12,795,596.00

체결기간 2021/02/01 ~ 2021/02/27
전체 외화 ⓘ 실현손익 안내

실현손익 현황

매도금액(원)	619,772,694.00
매수금액(원)	600,312,592.00
정산금액(원)	618,893,033.00
수수료+제세금(원)	879,660.00
손익금액(원)	18,580,440.00

체결기간 2021/03/01 ~ 2021/03/31
전체 외화 ⓘ 실현손익 안내

실현손익 현황

매도금액(원)	314,594,066.00
매수금액(원)	292,455,016.00
정산금액(원)	314,168,746.00
수수료+제세금(원)	425,319.00
손익금액(원)	21,713,729.00

2020년 10월~2021년 3월까지 필자의 수익

따지면 월평균 2% 이상이다. 사용하지 않은 원금까지 포함해 계산한 수익률이다. 다시 말하지만 '년'이 아니라 '월'이다. 무한매수법으로만 매달 1,500만 원에서 2,000만 원의 수익을 내고 있다. 이 기간 주식을 했던 사람이라면 2020년 9월, 2021년 2월, 3월이 큰 조정장이었음을 기억할 것이다.

추후 상세히 설명하겠지만 무한매수법은 변동성이 큰 '3배 레버리지 ETF' 상품을 매매하는 방법이다. 'ETF'란 Exchange Traded Fund 준말로, 상장지수펀드라는 뜻이다. 쉽게 말해 펀드는 여러 사람들의 돈을 모아 증권투자를 하는 것인데, ETF는 특정한 지수와 연동되어 운용되는 인덱스 펀드의 일종으로 주식거래소에 상장되어 실시간으로 매매할 수 있는 상품이다. 기존 펀드는 환매과정이 쉽지 않기 때문에, 쉽게 거래가 가능한 ETF가 상대적으로 큰 인기를 얻게 되었다. 우리나라에는 2002년에 처음 상륙했다.

ETF는 최초 출시 당시 20세기 최고의 금융발명품이라는 별명이 붙을 정도로 획기적인 상품이었다. 현대적 의미의 ETF로 볼 수 있는 상품은 1993년에 처음 탄생했으며, 티커 SPY라고 불리우는 'SPDR S&P500 ETF'였다. 그전에 인덱스 펀드가 존재했으나, 실제로 거래소에 상장시켜 주식처럼 사고팔 수 있는 건 SPY가 최초였다. 전설적인 투자전문가 존 보글은 "모든 주식을 소유하라"는 명언을 남겼으며, SPY는 그에 걸맞은 상품이었다.

'3배 레버리지'란, 쉽게 말해 오를 때도 3배가 오르고 내릴 때도 3배

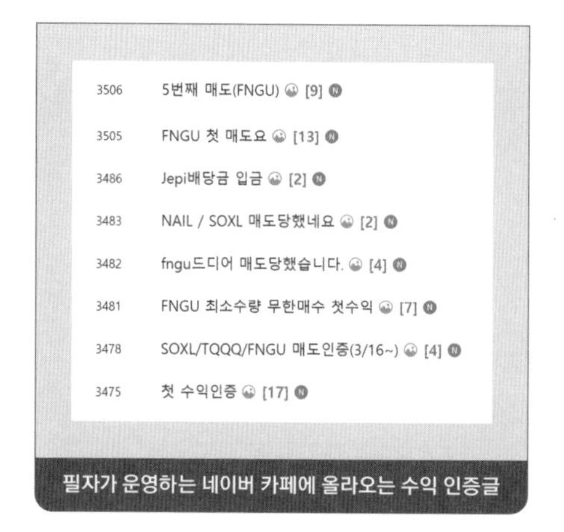

필자가 운영하는 네이버 카페에 올라오는 수익 인증글

가 내리는 종목이다. 3배 레버리지 상품은 일반적으로 고위험 상품군으로 분류되어 신중히 투자해야 한다는 게 중론이다. 그럼에도 필자가 3배 레버리지 상품을 추천하는 이유, 구체적인 종목들과 선정 이유 등은 추후 자세히 설명하겠다.

만약 무한배수법을 1년 동안 꾸준히 실천한다면 원금설정 대비 최대 연 40~50% 정도의 높은 수익을 기대할 수 있다. 그러나 이는 이상적인 경우고 실제로 백테스트를 해본 결과 **연 평균 수익률 20~30%**를 무난하게 달성할 수 있다. 실제로 필자가 운영하는 카페에 수많은 사람들이 수익을 인증하고 있다. 카페 개설 두 달 만에 1,000명 이상이 수익을 인증했고 지금도 매일 인증글이 올라오고 있다. 무한매수법의 가장 큰 장점은 다음과 같다.

① 누구나 방법을 이해하고 실행할 수 있을 정도로 쉽고 간단하다.

② 매매 타이밍을 재지 않는다. 실시간 매매를 하지 않으며, 하루 10~15분이면 충분하다.

③ 기업분석, 시황분석, 차트분석을 하지 않으며, 하락장 또는 횡보장에 강한

면모가 있다.

④ 매수, 매도 후 후회와 자책감이 들지 않는다.

⑤ 지인 또는 수백 명과 같이 할 수 있으며, 각자의 선택에 서로 영향 받지 않는다. 같이 격려하며 함께 할 수 있다.

⑥ 갑자기 벼락부자가 되지는 못하지만, 꾸준히 일정 비율의 돈을 벌 수 있다.

웬만해선 손해 보지 않는 무한매수법

무한매수법은 하루아침에 일확천금을 얻을 수 있는 투자법이 아니다. 순식간에 수백 배, 수천 배 불리는 건 애초에 투자가 아니라 '도박'이다. 무한매수법의 핵심은 높은 수익률을 안정적으로 꾸준하게 실현할 수 있다는 것에 있다. 주식은 '패가망신'하는 지름길이라고 철석 같이 믿고 있거나, 주식으로 손해를 많이 봤던 사람이라면 필자의 말에 의심을 가질 것이다.

필자는 무한매수법을 활용할 수 있는 미국주식 종목들인 FNGU, SOXL, LABU, NAIL, TQQQ, TNA, MIDU, DPST, TPOR, DFEN 등에 대한 과거 데이터를 바탕으로 백테스트를 시행했다. 2015년부터 2020년

구분	SOXL	FNGU	NAIL	LABU	DPST	TPOR	TQQQ	TNA	MIDU	DFEN
2015~2020년	19.45%	20.42%	22.66%	26.15%	13.23%	14.71%	23.24%	14.88%	13.49%	16.53%

2015~2020년 종목별 무한매수법 평균 수익률 백테스트

말까지 백테스트를 통해 '무한매수법으로 주식 매매'를 했을 경우 수익률을 공개한다. 2015년도에 생긴 ETF들이 많기도 하고 2013년과 2014년은 전형적인 상승장이라서 형평성을 위해 제외했다.

그렇다면 이렇게 엄청난 수익률을 얻을 수 있는 비결은 무엇일까?

우리는 앞서 홍배짱 씨와 김개미 씨의 사례를 통해 분할매수의 힘을 엿본 바 있다. 똑같은 규모의 원금으로, 똑같은 종목을, 똑같은 하락장에, 똑같은 기간 동안 투자했는데 판이하게 다른 결과를 맞이한 두 사람의 이야기에 무한매수법의 힌트가 있다. 이제 본격적으로 무한매수법의 방법론에 대해 소개하겠다.

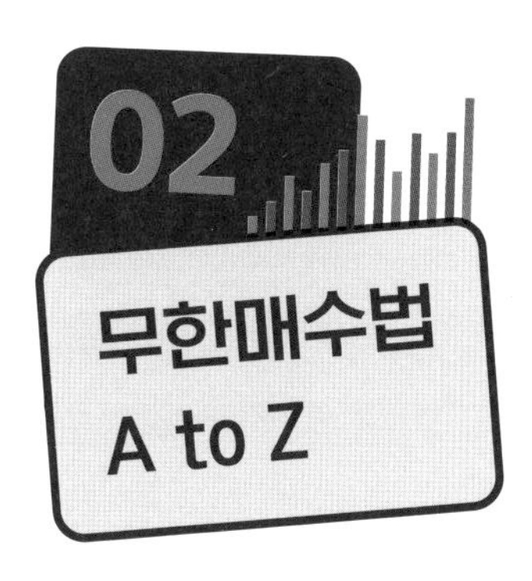

김개미 씨와 홍배짱 씨의 이야기를 통해 당신은 '분할매수의 힘'에 대해서 알게 됐을 것이다. 동시에 우리는 해결해야 할 문제를 확인했다.

① 만약 분할매수를 해야 한다면 몇 번을 쪼개야 할 것인가?

② 그리고 어떤 종목을 골라야 할 것인가?

③ 최종적으로 언제 매도해야 하는 것인가?

이제 이 문제를 어떻게 해결해야 하는지 설명하도록 하겠다. 왜 그렇게 해야 하는지에 대해선 차차 소개할 것이니 일단 이 장에서 다루는 방법론을 읽으며 무한매수법을 숙지하길 바란다. 크게 어렵지 않기 때문에 한두 번만 읽어도 금방 무한매수법을 익힐 수 있을 것이다.

원금설정 및 분할기간 설정

① 원금을 40분할로 나누고 절대로 다른 곳에 사용하지 않는다.

무한매수법에 사용할 수 있는 원금을 먼저 설정한다. 이 원금은 반드시 무한매수법에만 할당해야 한다. 다른 소비 또는 다른 투자에 사용하지 않는다. 예컨대 내가 1,000만 원을 무한매수법으로 투자하기로 결심했다면 분할매수로 1,000만 원을 소진하는 동안에는 **절대로** 남은 현금을 다른 곳에 써서는 안 된다. 그리고 원금을 40분할 한 뒤, 하루치씩 주식을 매수하면 된다. 예를 들어서 1만 달러가 원금이라면 40분할을 하면 250달러다. 이를 '매수시도액'이라고 한다. 즉 1만 달러 원금 시 하루치 매수시도액은 250달러다.

"김개미 씨는 무한매수법을 시행할 원금을 총 1만 달러로 설정하였다. 김개미 씨는 하루에 250달러씩 매수시도하기로 하였다."

② 하루 매수시도액으로 최소 2주를 살 수 있는 종목을 선정한다.

1만 달러를 투자한다면 최초 매수시점에서 250달러로 최소 2주를 살 수 있는 종목을 선택해야 한다. 예를 들어 NAIL이란 ETF의 주가가 60

달러라면 250달러로는 2주 이상을 살 수 있기에 적합한 종목이다. 종목이 정해지면 하루하루 변동하는 NAIL의 주가와 상관없이 최대 250달러치를 매수하는 것이다. 3배 레버리지 ETF 종목들 중에서 고르는데 주식 개수는 최대가 아니라 최소이다. 만약 시드가 커지고 하루 '매수시도액'이 커지면 2주 이상을 살 수도 있다. 그러나 최소한 2주는 살 수 있어야 한다. 하루 매수시도액으로 최소 2주를 살 수 있는 종목을 선택하는 이유는 후술할 '매수방법'을 읽으면 이해할 수 있다.

> "김개미 씨는 현재 주가가 60달러인 NAIL을 종목으로 선정하였다. NAIL의 주가와 상관없이 매일 250달러치의 NAIL을 매수시도하기로 결정했다."

③ 여러 종목을 할 경우 종목마다 원금을 분리하고 절대 섞지 않는다.

만약에 무한매수법으로 여러 개의 종목에 투자하려고 한다면 반드시 원금을 분리해야 한다. 이는 40분할로 나눈 원금을 다른 곳에 사용하면 안 된다는 원칙과 이어지는 지점이다. 만약에 1,000만 원으로 A종목을 무한매수법으로 투자하고 있는데 여유자금 1,000만 원이 생겼다고 하자. 새로운 1,000만 원으로 B종목을 무한매수하기로 했다면 반드시 B종목에만 투자하고 분할매수 기간 동안 남은 금액은 그대로 둬야 한다. 예컨대 A종목의 주가가 하락했다고 B종목에 투자해야 하는 1,000만 원 중 일부를 빼와 A종목을 사면 안 된다.

“김개미 씨는 추가로 1만 달러가 더 생겼다. FNGU를 무한매수법 종목으로 추가하기로 하고, 매일 250달러씩 FNGU를 매수시도하기로 설정하였다.

매수는 매일매일 걸어 둔다

① 첫 번째 매수는 장중 아무 시간에 ‘한 회’를 매수한다.

첫 번째 매수의 시점은 장중 아무 때나 상관없다. 저점을 맞출 수 없기 때문에 마켓 타이밍을 잴 필요가 없다. LOC매수를 걸어도 상관없고 바로 매수해도 상관없다. 앞으로도 마켓 타이밍을 재는 일은 없을 것이고, 이 부분은 무한매수법의 큰 장점이기도 하다. ‘LOC’는 Limit On Close의 줄임말로서, 장마감 시 유리한 가격으로 매매가 체결된다는 것을 뜻한다. 예컨대 내가 10달러 매도를 걸어두면 장마감 시 종가가 10달러 이상일 때 매도가 체결되고 이하면 주문이 취소된다. 반대로 10달러 매수를 걸면 종가가 10달러 아래면 매수하고, 위면 주문이 체결되지 않는다. LOC 매매에 대한 자세한 설명은 이 장 말미에 덧붙였다.

“김개미 씨는 첫날 장중에 NAIL을 주당 60달러에 4개를 매수하였고, 240달러를 소진하였다. FNGU는 왠지 느낌이 좋지 않아 LOC매수로 6개를 걸고 잤다. FNGU는 장중에 40달러였으나, LOC매수 지정가는 45달러 쯤으로 설정하였다. 무조건 종가로 매수하기 위한 의도다.”

② 두 번째 매수부터는 LOC매수로 매일 매수한다.

하루 매수시도액의 절반은 현재 평단가로 매수주문을 걸고, 나머지 절반은 LOC매수로 시중가보다 10~15% 위쯤에 걸고 잠을 잔다. 하루 매수시도액을 1회차라고 했을 때, 0.5회차는 평단가보다 높아도 반드시 매수하고, 0.5회차는 평단가 아래에서 매수하려고 의도한 것이다. 실제로 종가가 평단가보다 낮을 경우 1회차가 모두 매수된다. 이를 각각 **'LOC평단매수'**, **'LOC큰수매수'**라고 지칭하겠다.

"김개미 씨가 보유한 NAIL의 평균 매수단가는 60달러이다. LOC평단매수로 60달러로 지정해서 2개를 매수주문하고 LOC큰수매수로 70달러로 지정해서 2개를 매수 걸고 잤다. 아침에 일어나보니 NAIL의 종가가 58달러라서, 4개가 모두 매수되었다. 다음 날은 NAIL의 종가가 62달러여서 LOC큰수매수만 적용되어 2개만 매수되었다."

③ 만약 장중 가격이 이미 내 평단가보다 낮을 경우 장중에 1회 분량을 모두 실시간 매수해도 된다.

예를 들어서 장중에 NAIL 가격이 58달러라고 하자. LOC매수를 걸어도 되나 김개미 씨가 지닌 NAIL의 평단가보다 낮은 가격이라면 그냥 장중에 250달러치를 모두 매수해도 된다. 즉, 4개를 직접 매수하는 것이다.

"김개미 씨는 장중에 NAIL 가격이 내 평단가보다 아래인 58달러라는 것을 확인하였다. LOC매수를 걸까 고민하다가 그냥 장중에 250달러치를 매수하였다. 즉, 4개를 시장가로 실시간 매수하였다."

④ LOC매수든, 장중 매수든 매일 1회차씩 매수시도한다.

이때 중요한 것은 어제 0.5회차를 매수했다고 해서 오늘 1.5회차를 매수하지 않는 것이다.

"김개미 씨는 어제 LOC매수로 NAIL을 2개 매수하였는데 사용된 매수금액은 총 120달러였다. 오늘 추가 금액을 투입할까 고민했지만, 규칙에 따라 오늘도 250달러 한도 안에서만 매수하기로 했다."

⑤ 주가가 매우 하락하거나 상승하는 경우 개수가 변할 수 있다.

무한매수법은 매일 정해진 **'액수'**만큼 주식을 매수하는 방법이다. 주가가 떨어지거나 오르면서 매수할 수 있는 주식의 '개수'는 변화할 수 있다. 주가가 어떻게 변화하든 '정액법'에 의해 하루치(1회) 매수액에 맞춰 매수한다.

"김개미 씨는 오늘 NAIL 가격이 하락하여 주가가 50달러가 된 것을 확인하였다. 하루 매수시도액이 250달러이므로, 장중에 5개를 매수하였다."

"김개미 씨는 오늘 NAIL 가격이 상승하여 64달러가 된 것을 확인하였다. 250달러로는 4개를 살 수 없기 때문에 3개를 사기로 결정한다. LOC평단매수에 2개를 걸고, 시중가에서 +15%된 가격에 1개를 주문하고 잤다. 종가가 평단가 아래이면 2+1=3개, 평단 위이면 1개를 매수함을 의미한다."

매도도 매일매일 걸어둔다

매도는 **지정가매도**로 매일 걸어두면 된다. 미국주식시장은 한국 시간으로 오후 11시 30분에 개장하지만, 키움증권 기준 프리장은 오후 7시에 시작한다. **매일 현재 내 평단 대비 10% 높은 수익지점에 보유 주식 모두 지정가 매도를 걸고 다른 할 일을 한다.** 프리장에 지정가 매도를 걸어두면 본장이 끝날 때까지 주문이 유지된다.

만약 정해진 원금을 모두 소진할 때까지 위 방법으로 매도가 되지 않는다면 앞서 설명한 매수 및 매도방법을 모두 숙지하고 73페이지에 소개된 '무한매수법 영혼법'으로 이동한다. 만약 이런 상황에 닥친다면 위기를 만회할 방법에 대해 소개해뒀다. 참고로 원금을 모두 소진할 때까지 수익이 나지 않는 경우는 1년에 1~2회밖에 오지 않을 만큼 드물다.

"김개미 씨는 본인의 NAIL 평단가가 60달러인 것을 증권사 앱에서 확인하고, 미국주식장이 열리기 전인 저녁 7시에 휴대폰으로 증권사앱에 접속하여 66달러에 보유한 NAIL 주식 전부를 지정가매도를 걸었다."

리셋 후 재시작

내가 보유한 주식의 평단가보다 10% 높은 단가로 '매도를 당하면' 어떻게 하면 될까. 무한매수법은 매일 매수를 걸고, 매일 매도를 건다. LOC큰수매수가 평단가보다 10~15% 높은 가격으로 설정했고, 평단가보다 10% 높은 가격에 보유한 주식을 지정가매도로 걸어두었기 때문에 '매도 당한 날'에는 LOC큰수매수가 동시에 발생한다. 그러면 다음날부터 LOC큰수매수된 것을 내 평단가로 삼고 계속해서 무한매수를 이어나가면 된다. 즉, 0.5회차부터 시작하는 셈이다.

이제 무한매수법에 대해 모두 소개했다. 이해가 안 되면 반드시 여러 번 정독하라. 이제 처음 우리 앞에 놓였던 질문을 다시 한 번 살펴보자.

① 만약 분할매수를 해야 한다면 몇 번을 쪼개야 하는가?

→ 원금을 40회로 쪼갠다.

② 그리고 어떤 종목을 골라야 할 것인가?

→ 1회차당 최소 2주를 살 수 있는 3배 레버리지 ETF 상품을 고른다.

③ 최종적으로 언제 매도해야 하는 것인가?

→ 평단가를 기준 삼아 매일 0.5회~1회를 매수하고, 매일 매도를 건다.

앞서 필자는 무한매수법으로 연평균 20~30%의 수익률을 기대할 수 있다고 했다. 이렇게 **간단한데** 엄청난 수익률을 얻을 수 있다니! 아마 당신은 필자를 사기꾼이라 생각할지도 모르겠다. 그러나 일단 한번 무한매수법에 발을 들여놓게 되면 당신은 '평생 주식하는 사람'으로 바뀔 것이라 필자는 확신한다.

당신의 의심을 종식시키기 위해 지난 2020년, 주식 안 하면 바보 취급을 받았던 상승장을 보내다가 강력한 조정장을 맞아 수많은 사람들을 패닉에 빠트렸던 2020년 9월 미국장을 통해 무한매수법의 실례를 들어보도록 하겠다. 그 전에 무한매수법을 하기 위해 필수로 알아야 할 LOC 매매에 대해 먼저 짚어보자. LOC 매매에 대해 잘 아는 사람이라면 이 부분은 건너 뛰고 바로 다음 장으로 넘어가도 좋다.

반드시 알아야 할 LOC 매매 주문

필자는 최근에 컴퓨터로 주식매매를 해본 적이 없다. 앞서 소개한 모든 과정들이 휴대폰만 있으면 가능하며 주식매매뿐 아니라 계좌관리 또한 휴대폰으로 모두 가능하다. 무한매수법을 하려면 'LOC 매매'에 대해 반드시 알아야 하는데 이 책을 통해 주식에 입문하는 주생아들을 위해 매매 주문 종류에 대해 간략히 소개하겠다. 필자는 여기서 키움증권 어플을 예로 삼아 설명하겠다. UI 구성이나 명칭은 증권사마다 차이가 있겠지만 작동하는 방식은 모두 유사하다.

키움증권 앱의 매매 항목을 터치하면 지정가, 시장가, AFTER지정, LOC, VWAP를 확인할 수 있는데 우리가 주로 활용하게 될 주문 종류는

키움증권 매매 종류

시장가, 지정가, LOC 매매가 되겠다.

시장가 매매란 시장에 형성되어 있는 가격을 기준으로 반드시 매매를 체결하겠단 걸 의미한다. 매도자들이 올린 호가에 맞춰 시장가가 설정되고 수량을 입력하여 매도, 매수를 하면 매매주문 완료다. 매매가 완료되면 주문이 체결되었다는 메시지를 확인할 수 있다.

지정가 매매는 내가 원하는 가격을 정확히 설정하고 매매하는 방법이다. 반드시 원하는 가격을 입력해야 한다. 내가 지정해둔 가격에 시장가가 도달하지 않으면 매매가 이뤄지지 않는다.

LOC 매매의 개념과 응용

시장가 매매와 지정가 매매는 모두 실시간으로 시행한다. 하지만 미국주식장이 한국 시간으로 오후 11시 30분부터 시작해서 새벽 6시에 끝나기 때문에, 현실적으로 투자자들이 실시간 매매를 하기 어렵다. 그래서 무한매수법에서 이용할 수 있는 매매법이 바로 LOC매매법이므로 반드시 숙지해야 한다.

LOC란 'Limit On Close'의 준말로서, 장마감 시 유리한 가격으로 매매가 이루어진다는 것을 뜻한다.

LOC매수의 경우, 본인이 지정한 가격보다 종가가 낮은 경우에만 매수된다(본인에게 유리하게).

LOC매도의 경우, 본인이 지정한 가격보다 종가가 높은 경우에만 매도된다(본인에게 유리하게).

이게 정확히 어떤 원리인지 예시로서 알아보자.

> 김개미 씨는 오늘 TQQQ라는 ETF를 실시간이 아니라 종가매수로 걸어놓고 잠을 자고 싶다. 그런데 너무 높은 가격에 매수하긴 싫어서 LOC매수로 100달러를 지정해서 걸어놓고 잠을 잔다.

만약 이날 TQQQ 종가가 **100달러를 초과하면 '매수되지 않는다.'** 만약 이날 TQQQ 종가가 **100달러 미만이면 종가로 매수**가 이뤄진다.

반대의 경우도 살펴보자. 홍배짱 씨는 오늘 TQQQ라는 ETF를 실시간이 아니라 종가매도로 걸어놓고 잠을 자고 싶다. 그런데 너무 낮은 가격에 팔고 싶지 않아서, LOC매도로 100달러를 지정해서 걸어놓고 잠을 잔다. 이날 TQQQ 종가가 100달러를 초과하면 종가로 매도가 이루어진다. 이날 TQQQ 종가가 100달러 미만이면 매도되지 않는 것이다.

LOC 매매를 어떻게 응용할 수 있을까? 만약 이날 종가로 반드시 매수를 하고 싶다면 LOC매수의 지정가를 일부러 높게 지정한다. 그 가격 아래에서 반드시 매수될 것이기 때문이다. 반대로 이날 종가로 반드시 매도하고 싶다면 일부로 매도가를 낮게 지정한다. 그 가격 위에서 반드시 매도될 것이기 때문이다.

LOC매매의 활용

2020년 9월은 미국증시에 강력한 조정장이 왔던 시기다. 이 시기의 FNGU 차트를 통해 무한매수법이 어떻게 진행되는지 쉽고 자세하게 기술해보고자 한다.

FNGU는 미국을 대표하는 기술주들과 몇몇 성장주들로 구성되어 있는 ETN 상품이다. 트위터, 테슬라, 애플, 페이스북, 구글의 지주사인 알파벳, 알리바바, 넷플릭스, 아마존, 바이두, 엔비디아 등 우리가 너무나도 잘 알고 있는 회사들이 주종목으로 구성되어 있다. ETF와 차이는 있지만 ETN 역시 유사한 성격을 지니고 있는 상품이다. 무한매수법은 '3배 레버리지'를 추종한다고 하였는데 FNGU 역시 3배 레버리지 상품이다.

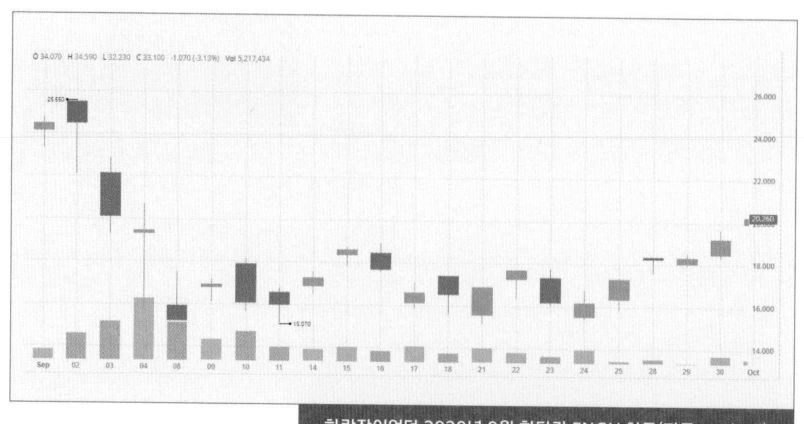

하락장이었던 2020년 9월 한달간 FNGU 차트(자료: webull)

일차	종가 (매수단가)	매수개수	매수금	평단가	보유개수	평가금	총매수금	수익금	수익률
1day	24.50	10	245.00	24.50	10	245.00	245.00	0.00	0.00%

FNGU 무한매수법 첫날 기록(단위: 달러)

즉, 해당 종목들의 지수가 3% 오르면 FNGU는 9%가 오르는 것이다.

그럼 많은 주린이들을 한숨짓게 했던 2020년 9월 장으로 돌아가 김개미 씨가 무한매수법으로 FNGU를 매수하며 수익을 얻은 과정을 따라가 보자. 실제 FNGU 차트를 펼쳐두고 엑셀이나 계산기로 투자 기록을 함께 계산해나가면서 책을 읽어가는 것도 추천한다.

2020년 9월 2일, 1day: 김개미 씨는 원금을 총 1만 달러로 설정하고, FNGU라는 ETN 종목을 하루에 250달러씩 매수하기로 하였다. 주가가 24.5달러여서 총 10개주를 매수하였다. 첫 매수를 완료하고 김개미 씨가 보유한 FNGU 평단가는 24.5달러가 되었다.

2020년 9월 3일, 2day: 프리장 분위기를 보니 FNGU 가격이 심상치 않았다. 마침 서머타임이라 본장이 한국 시간으로 22시 30분에 시작하기 때문에 개장까지 기다렸다가 20.11달러에 12개를 매수하게 되었다. 이제 평단은 **22.1달러**가 되었다. 아침에 일어나보니 프리장 때 미리 걸어두었던 평단가 +10% 지정가 매도주문은 체결되지 않았다.

2020년 9월 4일, 3day: 프리장이 열렸고 여전히 FNGU 가격이 20달러대로 심상치가 않았다. 하지만 이날 퇴근 후 헬스를 해서 피곤했던 김개미 씨는 굳이 본장까지 기다리지 않고 LOC를 걸고 자기로 했다. **LOC평단매수로 22.1달러**에 6개를 걸고, **LOC큰수매수로 23달러**(시중가 20달러 대비 약 15% 위)에 5개를 걸고 잤다.

아침에 일어나보니 종가 19.45달러에 총 11개가 매수되었다는 것을 확인하였다. 예상보다 더 낮은 종가였다. 만약 실시간으로 19.45달러에 매수했다면 12개를 매수할 수도 있었겠지만, 김개미 씨는 지난 밤 차트를 들여다보고 있지 않고 잠을 푹 잤다는 점에서 욕심을 내지 않기로 했다.

일차	종가(매수단가)	매수개수	매수금	평단가	보유개수	평가금	총매수금	수익금	수익률
1day	24.50	10	245.00	24.50	10	245.00	245.00	0.00	0.00%
2day	20.11	12	241.20	22.10	22	442.20	486.20	-44.00	-9.05%
3day	19.45	11	213.95	21.22	33	641.85	700.15	-58.30	-8.33%
4day	15.22	16	243.52	19.26	49	745.78	943.67	-197.89	-20.97%

1day~4day FNGU 매매 기록(단위: 달러)

이제 평단가는 **21.22달러**가 되었다. 전날 걸어둔 평단가 +10% 매도주문은 체결되지 않았다.

2020년 9월 8일, 4day: 미국 노동절로 휴장을 하고난 뒤 화요일, 프리장 분위기가 더욱 안 좋았다. FNGU가 무려 15달러 근처까지 내려간 것을 확인하였다. 김개미 씨는 밤 10시 30분까지 본장을 기다렸고, 내 평단가보다 한참 아래인 15.22달러에 16개를 일괄구매하였다. 이제 내 평단가는 **19.26달러**가 되었다. 아침에 일어나보니 미리 걸어둔 +10% 매도주문은 체결되지 않았다.

2020년 9월 9일, 5day: 주가가 조금 오르는 분위기이긴 했지만 여전히 내평단 아래였다. 16.9달러에 14개를 일괄구매하였다. 이제 내 평단가는 **18.74달러**가 되었다. 아침에 일어나보니 전날 걸어 두었던 +10% 매도주문은 체결되지 않았다.

2020년 9월 10일, 6day: 오늘 술약속이 있었던 김개미 씨는 주식창을 볼 시간이 없을 것이라 예상했다. 개장 전에 LOC평단매수로 14개를 주문했다. 어차피 주가가 내 평단가보다 한참 아래인 분위기라서 굳이 LOC매수를 두 가지로 나누지 않았다. 아침에 일어나보니 16.07달러에 14개가 매수된 것을 확인하였다. 실제로는 15개까지 매수가 가능했을 상황이지만, 아쉬워하지 않기로 했다. 이제 내 평단가는 **18.25달러**가 되었다. 걸어둔 +10% 매도주문은 체결되지 않았다.

2020년 9월 11일, 7day: 여전히 분위기가 좋지 않다. 김개미 씨는 장중에 15.98달러에 15개를 매수하였다. 이제 평단가는 **17.88달러**가 되었다. 아침에 일어나 보니 전날 걸어둔 +10% 매도는 체결되지 않았다.

2020년 9월 14일, 8day: 오랜만에 상승의 기운이 느껴지는 하루였다. 나스닥도 S&P지수도 모두 상승세였다. 프리장을 보니 FNGU의 가격대가 17달러대로 상승했음을 알 수 있었다. LOC평단매수에 7개, LOC큰수매수에 6개를 걸고 잤다. 다음 날 아침에 일어나보니 종가 17.25달러에 총 13개가 매수되어 있었다. 평단가는 **17.8달러**가 되었다. 전날 걸어둔 +10% 매도주문은 체결되지 않았다.

2020년 9월 15일, 9day: 완연한 상승장의 연속이었다. 프리장을 보니 18달러대 이상으로 주가가 형성되었다는 것을 확인하였다. 시중가가 평단가보다 높았기 때문에, LOC평단매수에 7개, LOC큰수매수에 6개를 걸고 잤다. 아침에 일어나보니 종가가 18.6달러라서, LOC평단매수는 체

일차	종가 (매수단가)	매수개수	매수금	평단가	보유개수	평가금	총매수금	수익금	수익률
1day	24.50	10	245.00	24.50	10	245.00	245.00	0.00	0.00%
2day	20.11	12	241.20	22.10	22	442.20	486.20	-44.00	-9.05%
3day	19.45	11	213.95	21.22	33	641.85	700.15	-58.30	-8.33%
4day	15.22	16	243.52	19.26	49	745.78	943.67	-197.89	-20.97%
5day	16.90	14	236.60	18.74	63	1,064.70	1,180.27	-115.57	-9.79%
6day	16.07	14	224.98	18.25	77	1,237.39	1,405.25	-167.86	-11.95%
7day	15.98	15	239.70	17.88	92	1,470.16	1,644.95	-174.79	-10.63%
8day	17.25	13	224.25	17.80	105	1,811.25	1,869.20	-57.95	-3.10%
9day	18.60	6	111.60	17.84	111	2,064.60	1,980.80	83.80	4.23%

1day~9day FNGU 매매 기록(단위: 달러)

결되지 않았고, LOC큰수매수로 6개가 체결되었다는 것을 알게 되었다. 내 평단가는 어제보다 소폭 오른 **17.84달러**가 되었다.

2020년 9월 16일, 10day: 약간의 추가 하락이 있었다. 장중에 17.68 달러로 14개를 매수하였다. 평단가는 **17.83달러**가 되었다. 아침에 일어나보니 미리 걸어둔 +10% 매도주문은 체결되지 않았다.

2020년 9월 29일, 19day: 어제까지 내 평단가는 17.36달러이다. 프리장을 보니 내 평단가보다 주가가 높아 LOC평단매수와 LOC큰수매수를 모두 걸었다. 아침에 일어나 보니 종가 18.33달러에 LOC큰수매수로 6개가 매수되어 있었다. 이제 평단가는 **17.39달러**가 되었다.

2020년 9월 30일, 20day: 어제 종가 18.33달러에 이어 오늘도 상승장 분위기였다. 늘 하던 대로 +10% 수익점인 19.13 달러에 지정가매도를 걸었고, LOC평단매수 7개, LOC큰수매수 6개를 걸었다.

아침에 일어나 보니 지정가매도 **19.13달러에 FNGU 총 239개가 체결되어 있었다.** 그리고 LOC큰수매수가 종가 19.21달러로 6개가 매수되어 있었다. 김개미 씨는 이제부터 이 19.21달러를 내 평단가로 잡고 FNGU 무한매수법을 이어가기로 했다.

김개미 씨가 20일 동안 무한매수법을 실천한 기록을 표로 정리해봤다. 최초 FNGU를 매수한 금액은 24.5달러였으나 10% 수익률로 주식을 매도했을 때엔 그보다 훨씬 아래인 19.13달러에 평단가가 형성되어 있음을 알 수 있다. **첫날을 제외하고 19일 중 14일이 하락장이었지만 10%의 수익을 얻은 것이다.**

일차	종가 (매수단가)	매수개수	매수금	평단가	보유개수	평가금	총매수금	수익금	수익률
1day	24.50	10	245.00	24.50	10	245.00	245.00	0.00	0.00%
2day	20.11	12	241.20	22.10	22	442.20	486.20	-44.00	-9.05%
3day	19.45	11	213.95	21.22	33	641.85	700.15	-58.30	-8.33%
4day	15.22	16	243.52	19.26	49	745.78	943.67	-197.89	-20.97%
5day	16.90	14	236.60	18.74	63	1,064.70	1,180.27	-115.57	-9.79%
6day	16.07	14	224.98	18.25	77	1,237.39	1,405.25	-167.86	-11.95%
7day	15.98	15	239.70	17.88	92	1,470.16	1,644.95	-174.79	-10.63%
8day	17.25	13	224.25	17.80	105	1,811.25	1,869.20	-57.95	-3.10%
9day	18.60	6	111.60	17.84	111	2,064.60	1,980.80	83.80	4.23%
10day	17.68	14	247.52	17.83	125	2,210.00	2,228.32	-18.32	-0.82%
11day	16.60	15	249.00	17.69	140	2,324.00	2,477.32	-153.32	-6.19%
12day	16.55	15	248.25	17.58	155	2,565.25	2,725.57	-160.32	-5.88%
13day	16.87	14	236.18	17.52	169	2,851.03	2,961.75	-110.72	-3.74%
14day	17.68	14	247.52	17.54	183	3,235.44	3,209.27	26.17	0.82%
15day	16.20	15	243.00	17.43	198	3,207.60	3,452.27	-244.67	-7.09%
16day	16.15	15	242.25	17.34	213	3,439.95	3,694.52	-254.57	-6.89%
17day	17.29	14	242.06	17.34	227	3,924.83	3,936.58	-11.75	-0.30%
18day	18.25	6	109.50	17.36	233	4,252.25	4,046.08	206.17	5.10%
19day	18.33	6	109.98	17.39	239	4,380.87	4,156.06	224.81	5.41%
일차	종가 (매수단가)	매수개수	매수금	매도가	매도개수	매도금	매도시점총 매수금	수익금	수익률
20day	19.21	6	115.26	19.13	239	4,572.07	4,156.06	416.01	10.00%

첫 매수부터 수익을 실현한 날까지의 FNGU 매매 기록

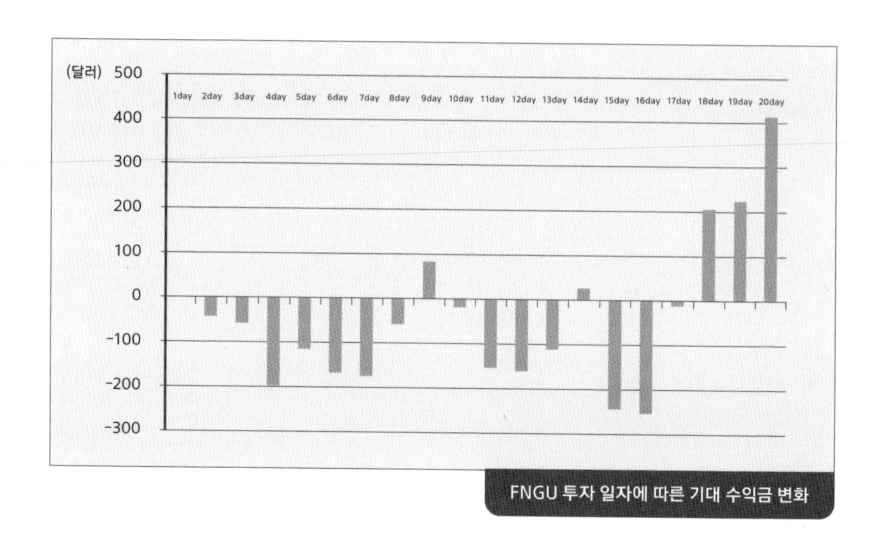

FNGU 투자 일자에 따른 기대 수익금 변화

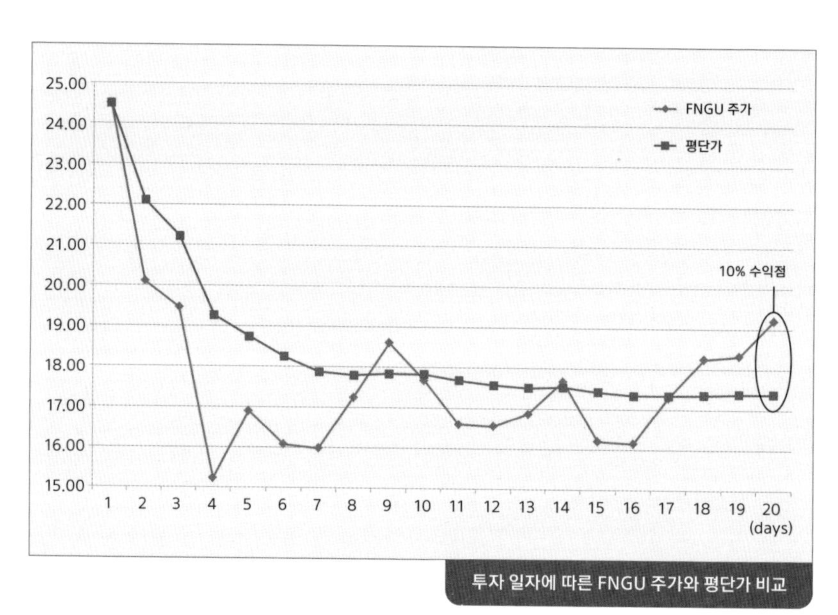

투자 일자에 따른 FNGU 주가와 평단가 비교

04

무한매수법의 마지막 퍼즐 원금소진 시 매도방법

무한매수법은 원금을 40회차로 분리해 분할매수하는 투자법이다. 그런데 만약 40회차를 모두 소진했음에도 수익을 달성하지 못한다면 어떻게 해야 할까?

원금을 모두 소진했을 때 '매도시키는' 방법에 대한 설명을 뒤로 미뤘던 이유는 첫째는 일단 무한매수법을 정확하게 이해하는 게 우선이기 때문이었다. 둘째는 40회 원금 소진 상황이 1년에 1~2회 정도 매우 드물게 발생하기 때문이다. 이는 필자가 수많은 종목들의 수년 간의 데이터를 직접 백테스트하여 얻은 결과이다. 따라서 이번 장은 당분간 읽지 않아도 된다. 마음이 급한 사람은 일단 앞에서 설명한 무한매수법을 시행해나가다, 40회차가 모두 소진될 것 같을 때 읽어도 괜찮다.

김개미 씨가 1만 달러를 원금으로 설정하고 FNGU 무한매수법에 돌입했는데 40회차로 나눴던 원금을 모두 소진할 때까지 수익을 달성하지 못했다고 가정하자. 이 상황에서 김개미 씨가 어떻게 해야 하는지 상황별로 정리해보겠다.

상황① 원금소진 후 수익률이 -10~+10%일 때

필자는 무한매수법의 목표 수익률인 10%가 되면 보유한 모든 주식이 매도되도록 주문을 설정하라고 말한 바 있다. 우선 원금을 소진했을 때 10%의 수익권에 달하지 않더라도 수익권이면 모두 매도하는 것을 권한다. 만약 수익률이 마이너스인 상태라면 -10% 정도까지는 손절을 감수하고서라도 모두 매도하고 다시 '리셋'하여 투자하기를 권한다. 아쉬울 순 있겠으나 무한매수법으로 손해가 발생하는 경우는 드물기에 **꾸준히 무한매수법을 하거나 여러 종목에 동시에 무한매수법으로 투자했을 때 연간 단위로 충분히 만회**가 가능한 수준이다.

상황② 원금소진 후 10% 이상 손해일 때

손해율이 10%를 초과했을 때 대응법을 김개미 씨 사례를 바탕으로 단계별로 정리해보겠다.

ⓐ 기존 FNGU 투자계좌는 일단 40회차가 소진된 채로, 매수도 매도도 하지 않고 정지한다.

ⓑ 새로운 계좌를 개설하여 FNGU를 1회차 매수부터 다시 시작하여 무한매수법을 이어간다.

ⓒ 새로운 계좌에서 무한매수법 규칙대로 +10% 매도수익이 발생하면, 기존 계좌의 FNGU를 그 수익금만큼 손해금이 나오게 매도한다. 예를 들어 새 계좌에서 FNGU 수익이 100달러일 경우, 기존 계좌에서 FNGU 손해가 100달러가 될 만큼을 매도한다.

새 계좌에서 무한매수법을 계속 이어가면 두 가지 상황이 발생한다. 첫 번째는 차트의 상승으로 기존 계좌가 본전에 이르게 되거나, 새 계좌에서 발생하는 수익으로 기존 계좌에 남아 있는 손해가 상쇄된다. 손해를 만회하면 새 계좌를 처분하고, 다시 기존 계좌로 무한매수법을 이어가면 된다.

무한매수법의 마지막 퍼즐 '무한매수법 영혼법'

여기까지 읽은 사람들은 궁금증이 생길 것이다. "어차피 같은 종목을 계속해서 무한매수법을 해나가는 건데 같은 계좌에서 계속 무한매수를 하면 안 되나?" 만약 기존 계좌에서 40회 이상 매수를 이어갈 경우, 쌓여 있는 기존 주식들 때문에 평단가의 변화가 줄어들어서 코스트에버리징 효과를 보기 어렵다. 반대로 매수액이 쌓여 있지 않은 새 계좌에서 무한매수법 사이클을 다시 시작하면 더 쉽게 매도지점에 도달할 수 있다.

40회 원금 소진이 발생하는 상황은 1년에 1~2회 정도로 드물며, 그 중에서 **계좌를 분리하는 기준인 10% 이상 손해가 발생하는 상황은 3~5년에 한 번 정도 발생한다.** 따라서 무한매수법으로 그동안 얻어온 수익을 곧바로 재투자하는 것보다, 수익금을 어느 정도는 남겨놓는 것을 추천한다.

그리고 **새 계좌에서 무한매수법을 이어갈 때, 처음부터 40회 분량의 원금을 모두 마련하지 않아도 된다.** 이미 기존 계좌에서 무한매수법을 시작하고 나서 2~4개월의 시간이 흐른 상황이라서 근로소득이 쌓여 있기도 하고, 새 계좌에서 수익이 실현되면 그만큼 기존 계좌에서도 매도를 하기 때문에, 원금을 미리 가지고 있지 않더라도 충분한 현금흐름이 가능하다. 혹시나 걱정하는 독자도 있을 텐데 연속으로 새 계좌까지 40회를 모두 채울 확률은 거의 없다.

김개미 씨는 1만 달러를 원금으로 무한매수법을 쭉 이어오면서 3,000달러 정도의 수익을 얻고 있었다. 그러던 어느 날 3개월이 걸려 1만 달러를 모두 소진했으나 -15% 손해인 상황이 되어서, 계좌를 분리하고 새 계좌에서 무한매수법을 이어가기로 했다. 자금은 수익금인 3,000달러와 3개월 동안 근로소득을 모은 1,000달러를 합쳐서 총 4,000달러 밖에 없었으나, 1만 달러를 원금인 것처럼 가정하여 새 계좌에서 하루 250달러씩 무한매수법을 이어가기로 했다. 그리고 김개미 씨는 계속 회사를 다니고 있었으므로 근로소득을 통해 추가적인 자금확충이 가능한 상황이었다.

새 계좌에서 무한매수법 10회차에서 매도수익이 발생하면서 2,500달러(원금)+250달러(수익)이 실현되었고, 그만큼 기존 계좌에서 250달러 손해에 해당하는 1,500달러치를 '매도'하였다. 이제 김개미 씨는 기존 4,000달러에 추가수익 250달러, 그리고 기존 계좌에서 매도한 1,500달러를 확보하게 되어 5,750달러를 현금으로 확보하게 되었고, 다시 새 계좌에서 1만 달러 원금을 가정하여 하루 250달러씩 매수를 이어가는 무한매수법을 시작하였다.

필자는 이 방법을 정리한 뒤 **'무한매수법 영혼법'**이라는 별명을 붙여줬다. 과거는 잊고 새로운 영혼으로 시작해, 과거의 허물(손해)을 조금씩 지워가자는 의미로 붙인 이름이다.

무한매수법 영혼법은 근로소득이 최초 투자금과 비교해 너무 적거나 겨우 1~2개 종목만 무한매수법이 가능한 정도의 원금으로 시행하는 분들은 실행하기 어려울 수 있으며, 반대로 근로소득이 원금대비 크거나 무한매수법을 10개 종목 이상 운용할 수 있을 만큼 원금이 큰 사람은 영혼법을 시행하기가 훨씬 수월하다.

만약 영혼법을 도저히 시행하기 힘들 정도로 남은 자금이 없는 경우에는, 기존 계좌에서 40회 소진 시 전부 손절해야 한다. 다시 수익권이 올 때까지 상승을 기다리거나, 리셋하지 않고 기존 계좌에 추가매수를 이어가는 경우는 더 큰 손해로 이어지는 경우가 많다.

무한매수법 영혼법 실천사례

실제 무한매수법 영혼법을 실행했을 경우의 백테스트 결과를 소개하고자 한다. 백테스트를 돌린 종목은 NAIL이다. NAIL은 2015년에 출시한 3배 레버리지 ETF 상품으로 주택, 건설 용품과 관련된 종목이다.

총 원금을 4만 달러로 지정해 매번 무한매수법을 시작했다고 가정한다(단리에 해당). 무한매수법 방법론에 따라 매일 총 1,000달러를 LOC평단매수와 LOC큰수매수로 각각 500달러씩 매수시도했다고 가정하였다(초반부 수익이 많아 단리가 더 불리하다).

2015년 8월부터 2020년 4월까지의 NAIL 백테스트 결과를 보자. 여러 차례 소진이 되었지만 대부분 10% 이내의 손실이었고 수익이 손실을 만회하고도 남았다. 그리고 2020년 4월에 10% 이상 손실을 기록하면서 영혼법에 돌입한다. 이전까지 수익금이 약 4만 3,969달러인데 그동안 모은 월급과 합쳐서 새롭게 무한매수법 영혼법을 시작해보자. 1회 매수금은 전체 원금의 40분의 1이므로, 이 시점에 꼭 원금만큼의 규모를 다 가지고 있지 않아도 된다.

이렇게 되면 새로운 계좌에서 249달러의 수익을 얻었고 그만큼 기존 계좌의 손해를 상쇄시킬 수 있다. 그리고 2020년 4월 28일 묵혀두었던 기존 계좌가 본전 이상으로 올라왔다. 본전 이상 올라온 날 당일 최저점에

최초 계좌	-		
기간	소진여부	매도	수익
15.08.19~16.07.07	X	8번 익절	+1만 3,476달러
16.07.07~16.10.05	소진	10.06 전량 매도	-2,705달러*
16.10.07~17.06.20	X	9번 익절	+1만 1,114달러
17.06.20~17.09.13	소진	09.14 전량 매도	+3,873달러
17.09.15~18.01.03	X	6번 익절	+4,321달러
18.01.03~18.03.14	소진	03.15 전량 매도	-3,989달러*
18.03.16~18.07.19	X	3번 익절	+7,152달러
18.07.19~18.09.21	소진	09.24 전량 매도	-3,986달러*
18.09.25~18.11.20	소진	11.21 전량 매도	-2,017달러*
18.11.23~19.10.17	X	13번 익절	+1만 5,584달러
19.10.17~20.01.07	소진	01.08 전량 매도	-397달러 손실(-1% 수준)
20.01.09~20.02.19	X	3번 익절	+1,644달러
20.02.19~20.04.17	소진	10% 이상 손해로 영혼법에 따라 중단 → 영혼법 돌입	

* 표시는 10% 이내의 손실이므로 영혼법에 따라 전량 매도한 경우

영혼법 계좌	-		
기간	소진여부	매도	수익
20.04.18~20.04.24	X	1번 익절	+249달러

2015~2020년 NAIL 무한매수법 영혼법 백테스트

기존 계좌를 모두 매도했다고 가정한다면 총 2,408달러의 수익이 생긴다. 이후로 새로운 계좌는 폐기하는데 폐기할 때 새 계좌에서 얻는 수익이 98달러가 된다.

2015년 8월 19일부터 2020년 12월 31일까지 약 5년 3.5개월, 5.29년으로 가정하였을 때 원금 4만 달러로 얻을 수 있는 총 수익은 6만 2,993달러이며 총 수익률은 157.5%가 된다. 1년 평균 수익률(단리)은 기존 계좌 22.66%에서 영혼법을 실시했을 시 29.77%가 된다.

한 가지 언급할 것은 평균의 오류에 빠져서는 안 된다는 것이다. 해마다 수익률은 다르고, 어떤 해는 저조할 수도 있고 어떤 해는 높을 수도 있다. 사실 연도별로 끊는 것은 큰 의미가 없다고 생각한다. 이 백테스트를 통해 말하고자 하는 것은 무한매수법이 단기적으로 손해를 볼 수도 있지만(이 경우도 극히 드물다) 꾸준하게 실행했을 때 안정적인 수익을 가져다준다는 점이다. 단언컨대 1년 이상만 '원칙'을 지켜 무한매수법을 습관화한다면 아마 평생 무한매수법에서 헤어나오지 못하게 될 것이다!

고점과 저점을 예측하지 않는 무한매수법은 이 책에서 소개한 방법만으로도 놀라운 수익률이 보장된다. 그러나 필자는 더 완벽하고 안정적인 무한매수법을 만들고자 지속적으로 고민하며 업데이트해나갈 생각이다.

필자가 운영 중인 네이버카페 '라오어 미국주식 무한매수법&밸류리밸런싱'에 무한매수법에 대한 정보를 지속적으로 업데이트하고 있으니, 가장 최신화된 무한매수법에 관심 있는 독자라면 꾸준히 카페에 방문하길 권한다.

정액매수 vs 정량매수

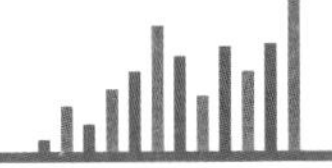

무한매수법은 매일 주식을 매수하며 '평균' 매수단가를 지속적으로 낮추는 방식의 투자법이다. 필자에게 '금액에 맞춰 무한매수하지 않고 매일 같은 개수의 주식을 사면 안 되나요?'라고 질문하는 분들이 있다. 즉 정액이 아니라 정량으로 투자하면 안 되냐는 질문이다. 다음은 정량매수와 정액매수의 차이에 대한 예시이다.

정량법은 산술평균이다. 당신이 사과를 이틀에 걸쳐 1개씩 사기로 했다. 어제 100원에 1개 사고, 오늘 50원에 1개 샀다고 가정한다. 이 경우 사과의 평균단가는 75원이다.

$$\frac{a+b}{2}$$

정액법은 조화평균이다. 당신이 사과를 이틀에 걸쳐 100원씩 사기로 했다. 어제 100원에 1개 사고, 오늘 50원에 2개 샀다고 가정한

다. 이 경우 사과의 평균단가는 66.67원이다.

$$\frac{2ab}{a+b}$$

산술평균과 조화평균의 관계는 다음과 같다.

$$\frac{a+b}{2} \geq \frac{2ab}{a+b}$$

75원 〉66.67원

즉, 사과를 사는 상황을 가정했을 때 가격과 관계없이 매일 똑같이 1개씩 사는 경우는 정량법인 것이고, 가격을 정해두고 그 가격 안에서 사과를 여러 개 사는 방법이 정액법이다. 기본적으로 산술평균은 조화평균보다 높은 값을 가지는데 주식에서도 조화평균은 산술평균 이하값이 나오게 되며, 정액법은 정량법에 비해 평균단가가 더 낮아지는 효과가 있다. 정리하자면 평균단가가 낮을수록 더 쉽게 +10% 매도점에 다다를 수 있다. 무한매수법에 정액법이 더 유리한 이유이다.

CHAPTER

03

무한매수법을 자세히 이해해봅시다

필자는 '인간은 결국 시장을 예측할 수 없다'는 생각에서 무한매수법을 개발하기 시작했다. 천재적인 감각을 지닌 지구상의 누군가는 예측을 할 능력이 있을 수도 있겠다만, 최소한 그 사람이 나는 아니란 건 주식을 해 본 사람이라면 누구나 깨달을 수 있다.

첫째, 고민과 후회가 생기지 않는다

문제는 어느 누구도 어떤 주식을 언제 매수해야 하며, 언제 어떤 기준으로 매도를 해야 하는지 알려주지 않는다는 것이다. 그래서 각자 개인의 느낌이나 감으로, 또는 누군가는 차트분석을 참고하여 매수나 매도를 결정하지만 선택에 항상 후회가 남는다.

저점과 고점을 예측하지 못하는 것은 우리의 잘못이 아니다. 우리는 신이 아니기에 저점과 고점을 맞출 수 없다. 하지만 본인의 매매는 본인이 결정한 것이다. 따라서 조금 더 수익을 볼 수 있지 않았을까, 내가 어떤 부분에 있어 공부가 부족해서 더 큰 수익을 보지 못한 것인가 등의 후회가 계속 머리를 떠나지 않으면, 이것은 앞으로도 주식매매를 이어가야 하는 긴 인생에서 피로감을 누적시키는 원인이 된다.

무한매수법은 바로 그 지점을 역으로 이용하는 방법이다. 주가가 끊임없이 변화하고 고점과 저점을 예측하기 어렵다고 한다면, 오히려 변동성이 큰 상품에 들어가 꾸준한 매수로 평단가를 낮춰 반등했을 때 수익을 실현하는 것이다. 언제가 저점이고 언제가 고점인지 머리 아프게 고민하고 애쓸 필요가 전혀 없다.

둘째, 기업분석, 시황분석, 차트분석을 하지 않는다

2020년 주식 열풍이 불던 당시, 직장인들이 국내장이 개장하는 9시만 되면 우르르 화장실로 사라진다는 기사가 나왔었다("월급만 믿다간 벼락거지" 8시 50분이면 화장실 가는 주식열풍, 조선일보, 2020.11.28). '테슬라 광풍'이 불었을 땐 미국주식에 뛰어드는 사람들이 많아졌는데, 미국장은 한국 시간으로 밤부터 새벽까지 열리기 때문에 밤새 주가를 확인하느라 전전긍긍해 업무시간에 피로를 호소하는 사람도 굉장히 많았다. 재테크의 일환으로 주식투자를 한답시고 본업이 망하고 생활패턴이 망가지는 건 주객이 전도된 상황이다. **투자란 내가 일하고 있지 않는 시간 동안 돈을 버는 것인데, 하루 종일 차트를 보고 있으면 계속해서 일하는 것**과 다름없다.

주식이 전업이 아닌 우리는 긴 시간을 주식에 할애하기가 어렵다. 무한매수법은 간단한 규칙만 따르며, 기업분석이나 시황분석을 하지 않는다. 어려운 재무제표 등을 분석하지 않아도 된다. 습관적으로 하루에 10분 정도만 할애하고, 나머지 시간은 가족들과 또는 혼자서 자유롭게 쓸 수 있다. '돈이 돈을 버는 동안' 나는 나만의 시간을 가지는 것이다. 필자의 경우 키움증권 앱을 기준으로 프리장이 열리는 저녁에 핸드폰으로 매수 및 매도주문을 모두 걸고, 웬만해서는 그날 증권사 앱을 켜지 않는 편이다.

셋째, 공포에도 사고 환희에도 산다

'공포에 사고, 환희에 팔아라'라는 주식 격언이 있다. 하지만 실시간으로 흘러가는 주식시장 속에서 당신은 언제가 가장 공포이고 언제가 가장 환희인지 판단할 수 없다. 내가 지금 사는 지점이 저점인지 확신할 수 없다면, 금액을 쪼개서 분할매수로 들어가야 한다. 바로 '코스트에버리징'의 방법이다. 정액매수를 통해 하락장에서도 평단가를 낮추며, 고점에 큰돈을 매수하지 않았다는 심리적 안도감을 얻을 수 있다.

변동성이 큰 종목일수록 코스트 에버리징에 의해 평균 매수단가 또한 더 크게 변하는 특성이 있으며, 그 변동성이 아래로 향할 때는 평단가가 낮아지고, 그 변동성이 다시 위로 향할 때는 매도점에 쉽게 이를 수 있다는 것이 무한매수법의 콘셉트다.

넷째, 내 지인이 수익을 얻으면 같이 기쁘다

사촌이 땅을 사면 배가 아프다는 속담이 있다. 누구는 주식으로 얼마를 벌었니 마니 하는데 나는 쪽박을 차고 있으면 산신령도 화를 내지 않을 수 없을 터이다. 무한매수법은 ETF를 기반으로 하는 매매방법이기 때문에 타인의 매매에 크게 영향 받지 않는다. 만약 무한매수법을 하고 있는 타인이 수익을 얻는다면 나도 비슷한 시점에 수익을 얻을 가능성이 높다. 따라서 하락장이 오더라도 서로 격려하며 다독일 수 있고, 상승장에는 서로 축하해줄 수 있다는 장점이 있다.

다섯째, 앞으로도 꾸준히 수익을 낼 수 있다는 심리적 안정감을 준다

무한매수법을 통해 큰돈을 짧은 기간에 버는 것은 불가능하다. 하지만 원금 대비 연간 수익률이 어느 정도인지 예상할 수 있기에, 앞으로도 꾸준히 수익을 낼 수 있다는 심리적인 안정감을 얻을 수 있다. 바로 이 부분 때문에 매수매도 과정에서 아쉬움이 생기더라도 심리적으로 극복할 수 있으며 장기간 자금을 계획하는 데에도 도움을 준다. 갑자기 주가가 폭락하거나, 수익을 얻긴 했지만 조금만 더 기다렸으면 더 큰 수익을 얻을 수 있었던 상황이더라도 아쉬움이 덜하다.

투자에서는 심리적 안정도 매우 중요한 요소인데 안정감이 없는 상태에선 부화뇌동 하는 투자, '멘붕'으로 인한 손절이나 추매를 하기 쉬워진다. 혹시나 큰돈을 사용할 일이 있으면, 무한매수법을 하지 않거나 투자액을 줄여도 된다. 안정적인 수익률이 보장되고, 그에 따른 자금계획을 짤 수 있단 게 무한매수법이 큰 장점이다.

무한매수법은 '3배 레버리지 ETF'에 투자하여 수익을 얻는 투자법이다. 그런데 3배 레버리지 상품에 투자한다고 하면 부정적인 시선부터 보내는 사람이 많다. 변동성이 너무 커 위험하다는 것이다. 왜 우리는 그동안 변동성이 나쁘다고 배웠을까?

변동성 잠식 이론 Volatility Decay Theory

예를 들어 나스닥지수를 추종하는 미국의 대표적인 ETF QQQ와 그의 3배 레버리지에 해당하는 TQQQ를 비교해보자. 최초 진입시점의

-	QQQ		TQQQ	
일차	주가	수익률	주가	수익률
1day	100.00	0%	100.00	0%
2day	97.00	-3%	91.00	-9%
3day	93.12	-4%	80.08	-12%
4day	88.46	-5%	68.07	-15%
5day	92.89	5%	78.28	15%
6day	96.60	4%	87.67	12%
7day	99.50	3%	95.56	9%

하락장과 상승장을 거친 QQQ와 TQQQ의 수익률 비교(단위: 원)

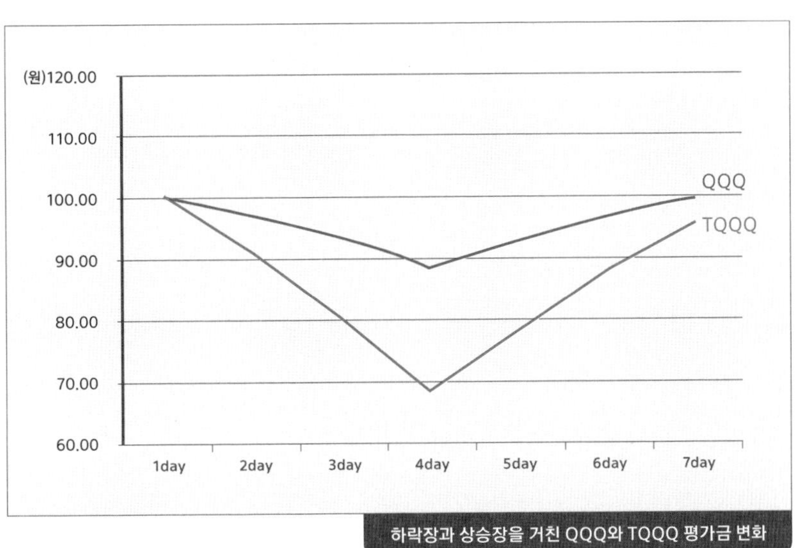

하락장과 상승장을 거친 QQQ와 TQQQ 평가금 변화

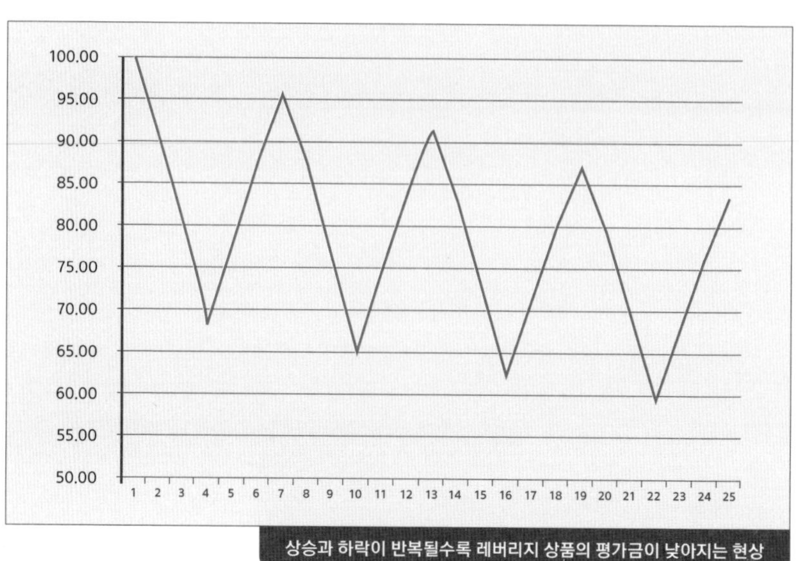

상승과 하락이 반복될수록 레버리지 상품의 평가금이 낮아지는 현상

QQQ 가격을 100원이라고 가정하고 QQQ가 하루에 −3%, -4%, -5%로 3회 하락 후 다시 +5% +4% +3%로 3회 상승했다고 가정해보겠다.

QQQ와 TQQQ는 똑같이 100원에서 시작했으나, TQQQ는 QQQ 대비 3배의 변동성을 가지기 때문에 그 변동성의 끝은 QQQ보다 더 큰 손해로 마감하게 된다. 만약 10만 원을 투자했다면 QQQ는 9만 9,500원이 되며, TQQQ는 9만 5,560원이 되는 것이다.

이렇게 어떤 주식이 횡보할 때, 이를 추종하는 레버리지는 변동성이 크므로, 더 큰 하락추세로 가는 것을 **변동성 잠식**(Volatility Decay) **현상**이라고 한다. 위의 그래프가 반복된다고 상상하면 TQQQ의 손해는 계속 커진다. 이게 바로 '녹아내린다'라고 흔히들 말하는 상황이다.

이 현상 때문에 대부분의 금융전문가는 '레버리지 ETF' 투자를 추천하지 않으며, 꼭 투자해야겠다면 '단기간 안에 상승할 것이 확실하다고 생각되는 경우에만 잠깐 투자했다가 매도할 것'을 권한다.

변동성 잠식 이론을 역이용하면 저점매수의 기회가 된다

94쪽의 그래프를 다시 한 번 살펴보자. 만약 상승과 하락을 반복하는 기간 동안 지속적으로 분할매수를 했다면 어떻게 될까? 최초 100원이던 주가가 3% 하락한 둘째 날부터 홍배짱 씨는 QQQ를 한 회에 1만 원, 김개미 씨도 TQQQ를 한 회에 1만 원치씩 주식을 매수해보기로 했다. 즉 매일매일 똑같이 1만 원씩 투자하는 '무한매수법'을 해보는 것이다. 이를 표로 만들어 비교해보면 다음과 같다.

구분	QQQ					TQQQ				
일차	주가	매수	누적	평단가	수익률	주가	매수	누적	평단가	수익률
1day	97.00	103	103	97.00	1.000	91.00	109	109	91.00	1.000
2day	93.12	107	210	95.02	0.980	80.08	124	233	85.19	0.940
3day	88.46	113	323	92.73	0.954	68.07	146	379	78.59	0.866
4day	92.89	107	430	92.77	1.001	78.28	127	506	78.51	0.997
5day	96.60	103	533	93.51	1.033	87.67	114	620	80.20	1.093
6day	99.50	100	633	94.46	1.053	95.56	104	724	82.40	1.160

하락장과 상승장이 반복될 때 QQQ와 TQQQ 무한매수법을 실행했을 때 비교

똑같은 금액을 투자했는데 홍배짱 씨의 QQQ는 수익률 5.3%, 김개미 씨의 TQQQ 수익률은 16.0%인 것을 볼 수 있다. 필자의 무한매수법에 의하면 TQQQ는 이미 그전에 '+10%' 수익률 선에서 매도되고 '리셋'이 되는 상황이지만 QQQ는 아직 +10% 수익권에 도달하지 못한 상황이다.

따라서 변동성이 작은 종목은 아무리 우상향 성향이 있다 하더라도 무한매수법의 매도점인 10%의 높은 수익률에 도달하기 힘들다. 굳이 QQQ로 무한매수법을 해야겠다면, 매도점을 10%에서 많이 낮춰야 한다. 이것은 수익률 저하로 이어진다.

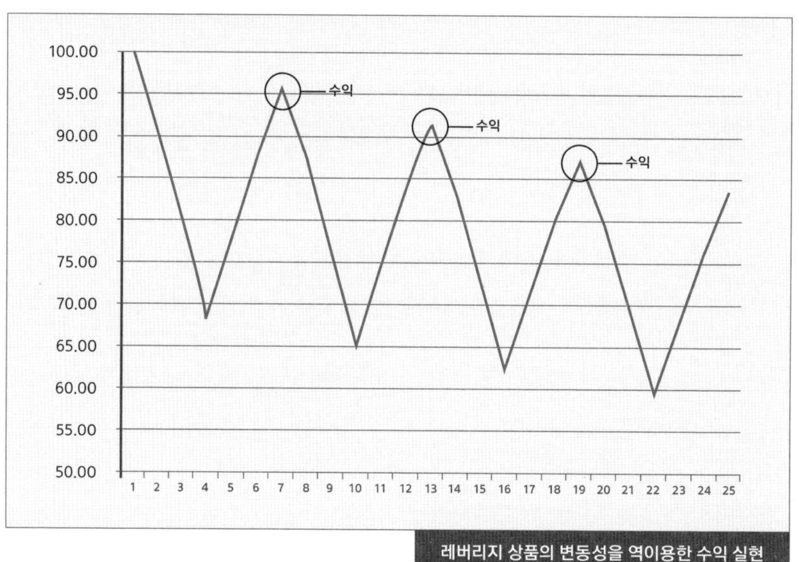

레버리지 상품의 변동성을 역이용한 수익 실현

필자가 정리한 무한매수법을 시도할 수 있는 대표적인 ETF 종목들은 다음과 같다. 참고로 모두 3배 레버리지 ETF에 해당하며 FNGU만 유일하게 ETN에 해당한다. ABC 순으로 정리해보았다.

① DFEN: 보잉, 록히드마틴 등 미국 항공회사 관련 ETF

② FAS : 버크셔해서웨이, JP모건 등 미국 대표 금융회사 관련 ETF

③ FNGU : 테슬라, 트위터, 애플, 페이스북 등 미국 대표 8개 기업 + 중국의 대표 2개 기업

④ LABU : 알렉시온 등 미국의 대표 바이오회사 관련 ETF

⑤ MIDU : 미국 중형주 모음 ETF

⑥ NAIL : D.R. 호튼, 레나 등 미국 대표 주택건설회사 관련 ETF

⑦ RETL : 매그나이트 등 미국 대표 소매유통회사 관련 ETF

⑧ SOXL : 인텔, 엔비디아, 브로드컴 등 미국 대표 반도체회사 관련 ETF

⑨ TECL : 애플, 마이크로소프트 등 미국 대표 IT기업 관련 ETF

⑩ TNA : 러셀 2000지수 기반 미국 소형주 2000개 회사 모음 ETF

⑪ TPOR : 페덱스, 유니온퍼시픽 등 미국 다우존스 운송회사 관련 ETF

⑫ TQQQ : 나스닥 상위 100개 기업 모음 ETF

⑬ UPRO : 미국 대표기업 S&P500지수를 추종하는 ETF

⑭ WANT : 미국 필수 소비재회사 관련 ETF

⑮ WEBL : 다우존스 인터넷회사 관련 ETF

무한매수법의 핵심은 변동성

무한매수법은 계속해서 주가가 변동하는 변동성 그 자체에서 수익을 뽑아내는 투자법이다. 위 종목들의 주가변동성(Volatility), 표준편차(Standard Deviation), 베타계수(Beta Coefficient) 등을 구하면 어느 정도 변동성을 가지고 있는지 알 수 있다. 자료를 제공하는 사이트에서 계산기간을 어떻게 정하는지에 따라 값이 다른데 필자가 직접 조사한 시점은 2021년 4월 기준 최근 6개월과 1개월간 변동성 값이다. 값 자체를 파악하기 보다, 변동성이 크고 작음을 비교해보는 것이 중요하다.

2020.10~2021.04 변동성 순위			2021.03~2021.04 변동성 순위		
순위	종목	변동성	순위	종목	변동성
1	DPST	7.660%	1	LABU	9.846%
2	RETL	7.375%	2	SOXL	9.498%
3	LABU	6.838%	3	FNGU	7.868%
4	SOXL	6.556%	4	RETL	7.759%
5	HIBL	6.382%	5	WEBL	6.971%
6	FNGU	6.184%	6	NAIL	6.870%
7	NAIL	6.179%	7	DPST	6.374%
8	BNKU	6.088%	8	TNA	6.236%
9	WEBL	5.349%	9	TQQQ	5.568%
10	DFEN	5.118%	10	TECL	5.475%
11	TECL	4.838%	11	HIBL	5.098%
12	TNA	4.788%	12	PILL	4.895%
13	TQQQ	4.783%	13	MIDU	4.810%
14	PILL	4.403%	14	DFEN	4.728%
15	FAS	4.354%	15	BNKU	4.558%
16	MIDU	4.065%	16	WANT	4.545%
17	TPOR	4.018%	17	TPOR	3.968%
18	WANT	3.889%	18	FAS	3.727%
19	DUSL	3.865%	19	DUSL	3.551%
20	UTSL	3.402%	20	UPRO	3.081%
21	UPRO	3.265%	21	UTSL	2.888%
22	CURE	3.052%	22	CURE	2.612%

무한매수법 종목들의 베타값(변동성)

종목	CURE	DFEN	FAS	FNGU	HIBL	LABU	MIDU	NAIL	PILL
CURE	-								
DFEN	64.68%	-							
FAS	75.41%	89.31%	-						
FNGU	75.34%	55.82%	67.61%	-					
HIBL	68.33%	91.48%	93.31%	64.32%	-				
LABU	79.94%	50.64%	65.79%	71.75%	59.18%	-			
MIDU	75.55%	89.91%	96.56%	69.67%	94.89%	67.76%	-		
NAIL	65.49%	82.12%	86.80%	61.41%	83.38%	59.22%	91.72%	-	
PILL	86.73%	67.38%	78.59%	72.22%	74.49%	86.10%	81.37%	69.97%	-
RETL	70.95%	85.43%	88.86%	67.32%	87.78%	67.56%	94.30%	91.29%	79.47%
SOXL	77.62%	67.20%	78.72%	80.74%	77.72%	85.90%	80.54%	75.72%	72.50%
TECL	86.44%	67.92%	81.21%	88.98%	75.07%	77.38%	81.32%	75.61%	80.71%
TNA	73.12%	89.46%	95.93%	68.97%	93.60%	70.64%	98.83%	91.30%	82.04%
TPOR	71.94%	90.80%	92.85%	63.43%	93.83%	57.93%	94.45%	86.68%	71.42%
TQQQ	87.49%	63.54%	77.32%	93.63%	71.46%	78.17%	77.88%	70.21%	80.08%
UPRO	89.03%	83.93%	94.20%	82.71%	88.47%	77.02%	93.34%	84.29%	85.55%
WANT	81.88%	83.20%	90.90%	84.04%	88.15%	71.74%	93.14%	87.03%	81.39%
WEBL	83.61%	61.26%	76.64%	91.27%	68.83%	80.96%	76.77%	67.25%	80.06%

라오어가 추천하는 무한매수법 종목

필자가 변동성과 장기우상향 성향 그리고 무한매수법 백테스트를 통해 추천하는 핵심 종목들은 다음과 같다. ABC 순서로 소개하자면 FNGU, NAIL, SOXL, TECL, TQQQ 등이다.

RETL	SOXL	TECL	TNA	TPOR	TQQQ	UPRO	WANT	WEBL
-								
74.71%	-							
76.39%	92.97%	-						
93.49%	78.31%	79.97%	-					
86.86%	80.89%	76.40%	92.76%	-				
73.22%	90.88%	98.25%	76.42%	73.32%	-			
87.06%	89.03%	94.36%	92.12%	89.64%	92.76%	-		
91.86%	85.90%	90.00%	91.13%	87.96%	89.87%	95.96%	-	
73.97%	82.30%	92.52%	75.97%	67.55%	94.06%	88.56%	86.95%	-

무한매수법 ETF 종목들 간의 상관관계 (출처: tiingo)

그러나 필자는 기본적으로 동시에 여러 종목에 무한매수법으로 투자하기를 추천한다. 한 종목의 수익률이 떨어지더라도 다른 종목이 보완해주는 헷지 효과를 누릴 수 있기 때문이다. 무한매수법으로 여러 종목에 투자하려면 ETF 종목들 사이의 상관관계(Correlation)를 파악할 필요

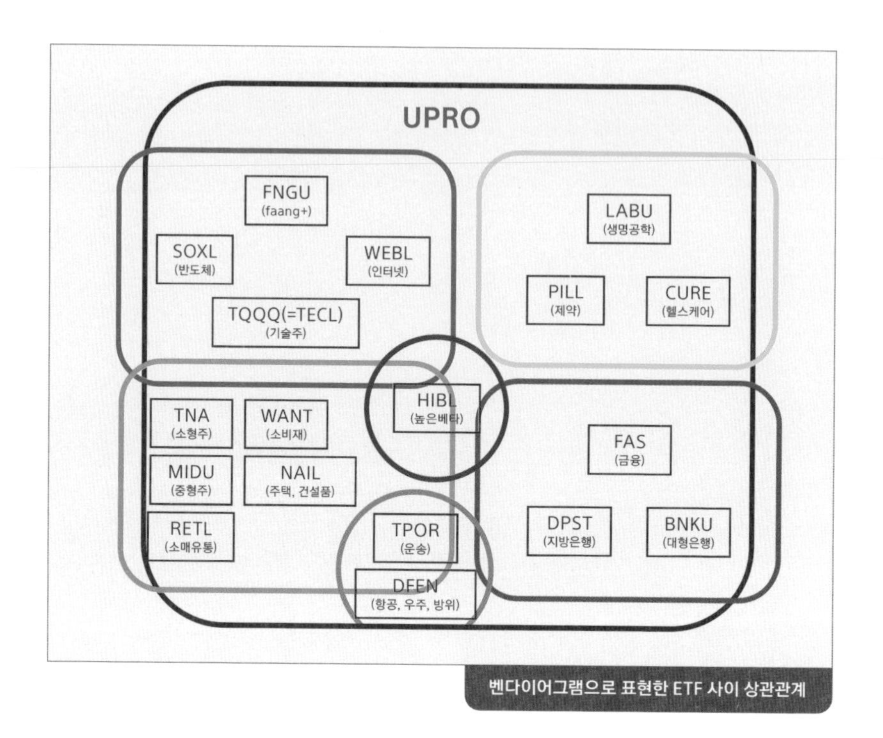

벤다이어그램으로 표현한 ETF 사이 상관관계

가 있다.

상관관계란 통계적인 변량 사이에 존재하는 상호관계를 말한다. 즉, A와 B 사이의 상관관계가 높을수록 A가 변화할 때 B도 변화할 확률이 높은 것이다. 앞장의 표는 무한매수법 관련 ETF들 간의 상관관계를 조사한 표이다. 100%에 가까울수록 유사한 움직임을 보인다고 생각하면 된다.

2021년 4월 기준 지난 1년간의 데이터를 바탕으로 작성한 표인데 이 상관관계를 참고하여 유사한 ETF 종목들 간의 관계를 벤다이어그램으로 표현해보았다.

벤다이어그램에 속해 있는 ETF 중 최대한 겹치지 않는 섹터들에서 종목을 추려내 포트폴리오를 구성하는 것이 유리하다. 시기에 따라 인기를 끄는 섹터가 있기 때문에, 특정 섹터가 하락하더라도 다른 섹터가 상승하면서 무한매수법으로 수익을 올릴 수 있기 때문이다.

그리고 최대한 다양한 종목으로 구성하는 것이 좋다. 예를 들어 TNA와 MIDU는 높은 상관관계이나, 큰 금액을 모두 TNA에 배정하는 것보다, TNA와 MIDU 반반으로 투자금을 배정하는 편이 훨씬 좋은 선택이다.

위 추천은 조사시점 기준이며, 시기에 따라 추천종목이 변할 수 있다. 필자가 운영 중인 네이버 카페 '라오어 무한매수법'에선 필자를 비롯해 무한매수법으로 수익을 보고 있는 많은 사람들이 정보를 공유하고 있으니 카페를 통해 꾸준히 정보를 탐색하는 것을 추천한다.

내가 투자하려고 하는 종목이 구체적으로 어떤 회사에 어느 정도의 비율로 투자하고 있는지 궁금한 사람들을 위해 위에서 주요 무한매수법 ETF 종목들의 포트폴리오도 다음 페이지에 정리하였다. 구성 비율은 언제든 바뀔 수 있으며 조사시점은 2021년 4월 마지막 주이다. 'ETFDB' 사이트 자료를 바탕으로 각 종목을 구성하는 상위 10개 항목들 위주로 정리했다. 익숙한 회사나 상품도 보일 것이고 낯선 회사들도 보일 것이다. ETF의 포트폴리오를 살펴보면 '종목들 간의 상관관계'에 대해 보다 잘 이해할 수 있을 것이다.

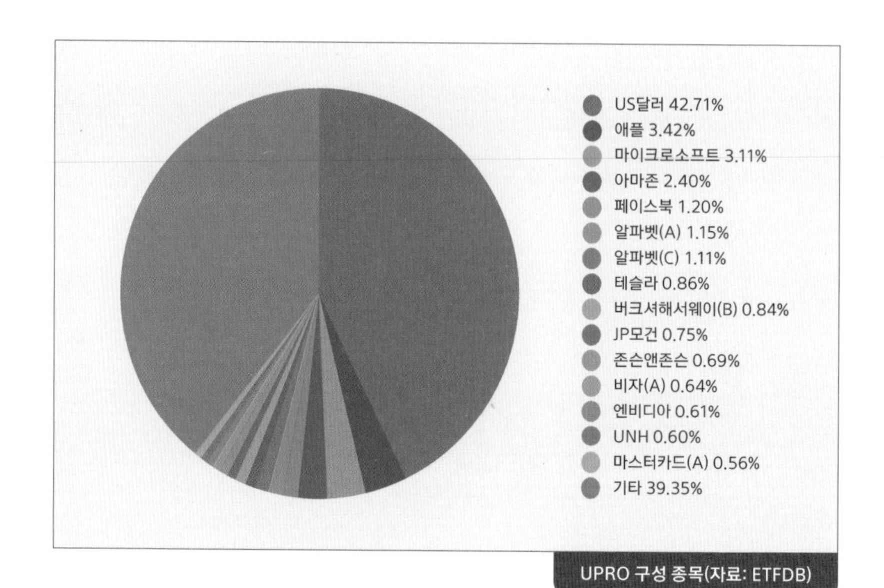

UPRO 구성 종목(자료: ETFDB)

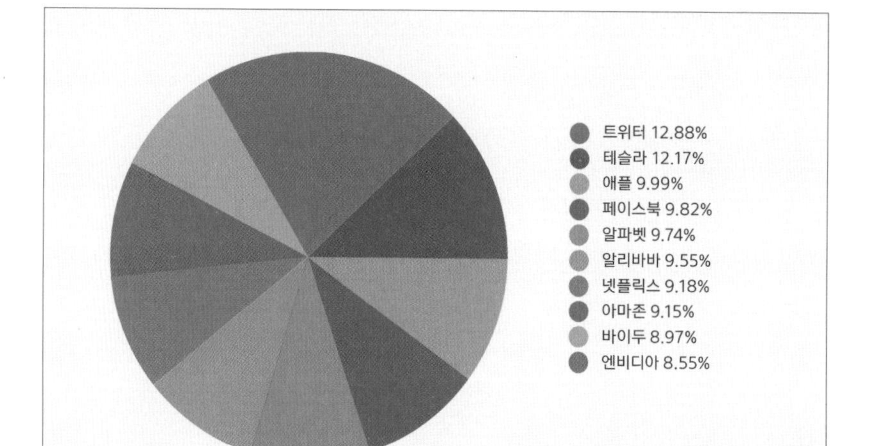

FNGU 구성 종목(자료: ETFDB)

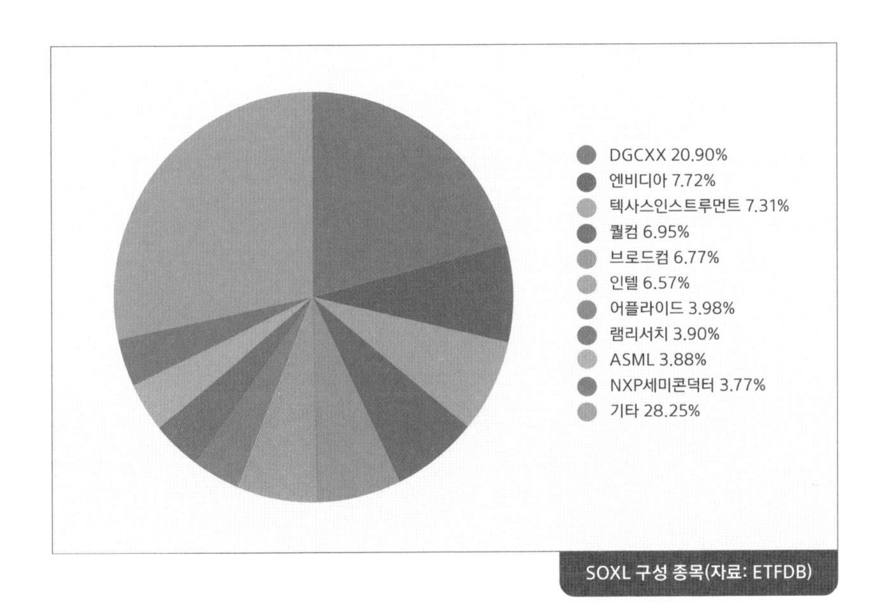

SOXL 구성 종목(자료: ETFDB)

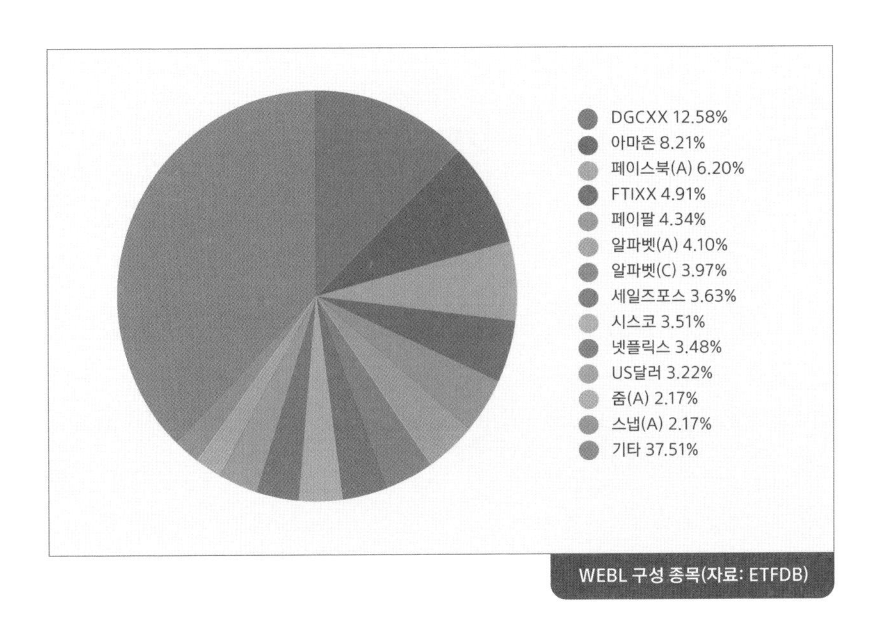

WEBL 구성 종목(자료: ETFDB)

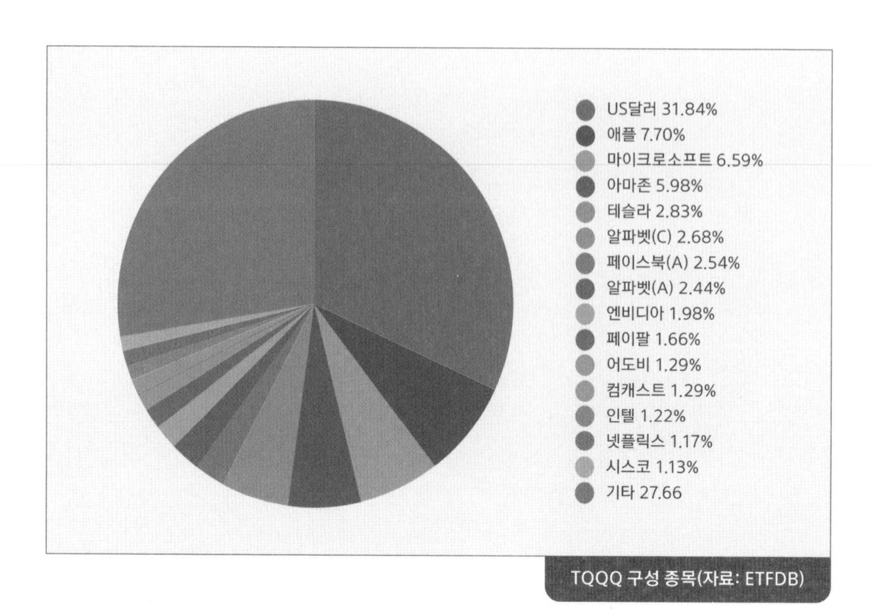

TQQQ 구성 종목(자료: ETFDB)

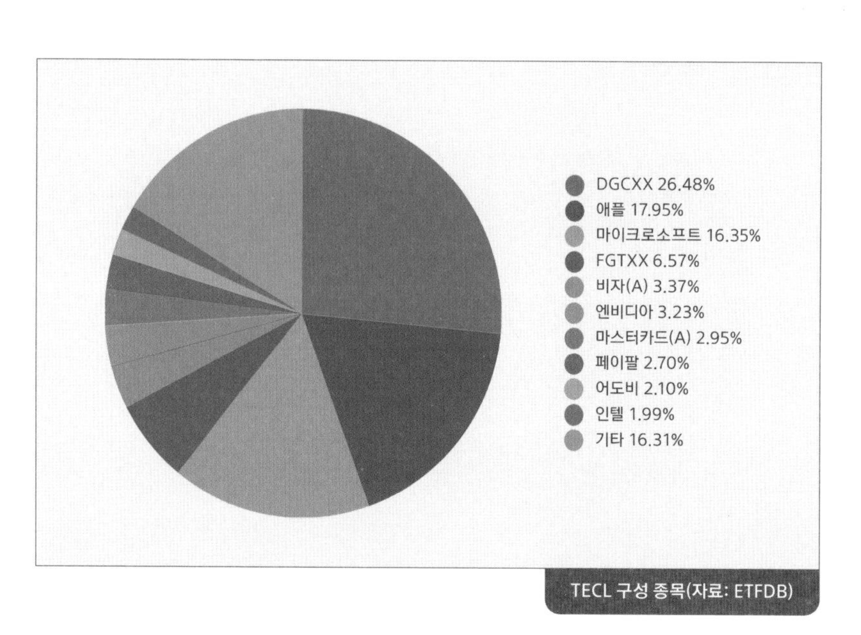

TECL 구성 종목(자료: ETFDB)

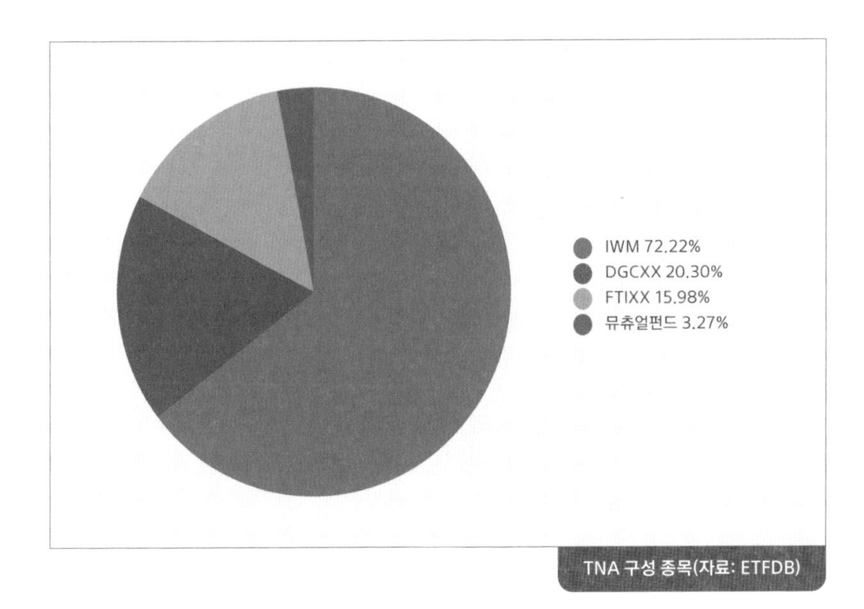

TNA 구성 종목(자료: ETFDB)

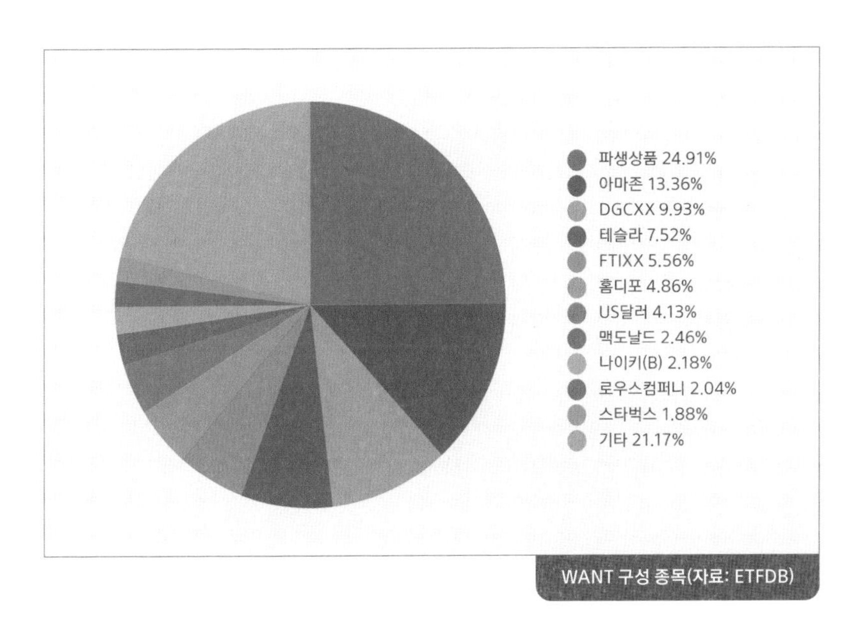

WANT 구성 종목(자료: ETFDB)

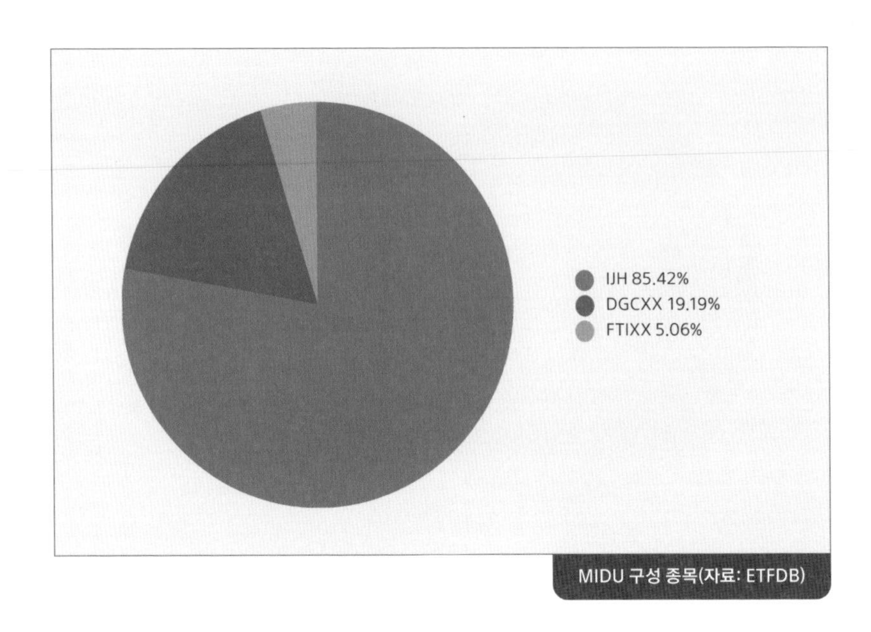

MIDU 구성 종목(자료: ETFDB)

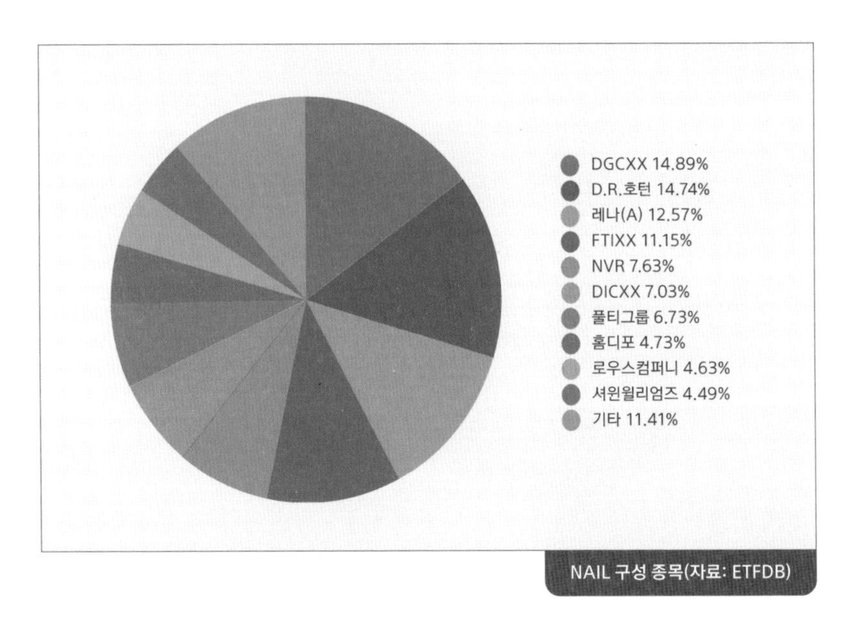

NAIL 구성 종목(자료: ETFDB)

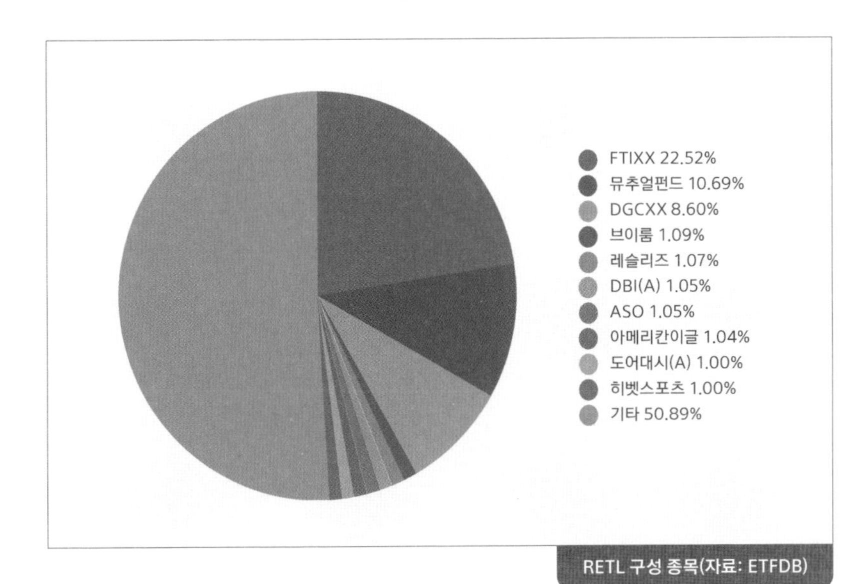

RETL 구성 종목(자료: ETFDB)

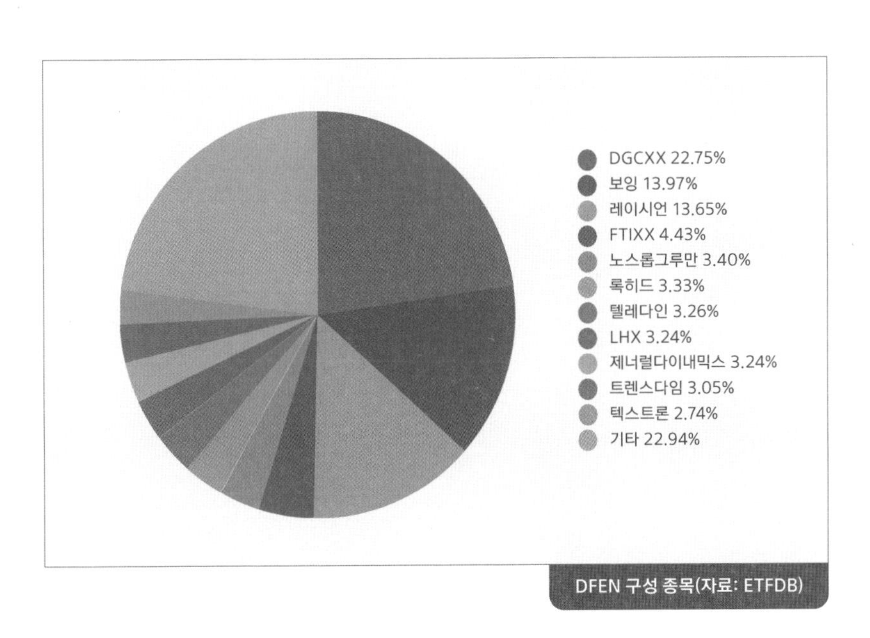

DFEN 구성 종목(자료: ETFDB)

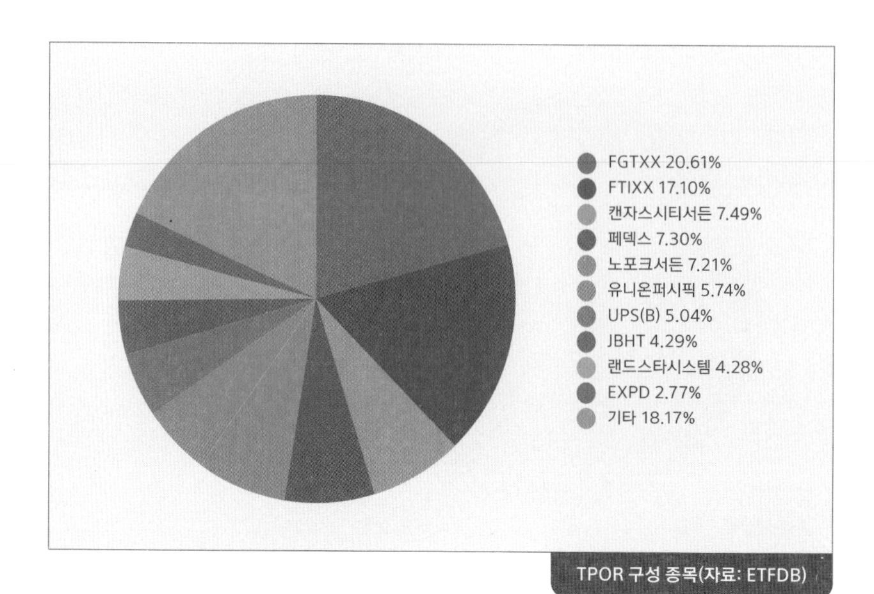

TPOR 구성 종목(자료: ETFDB)

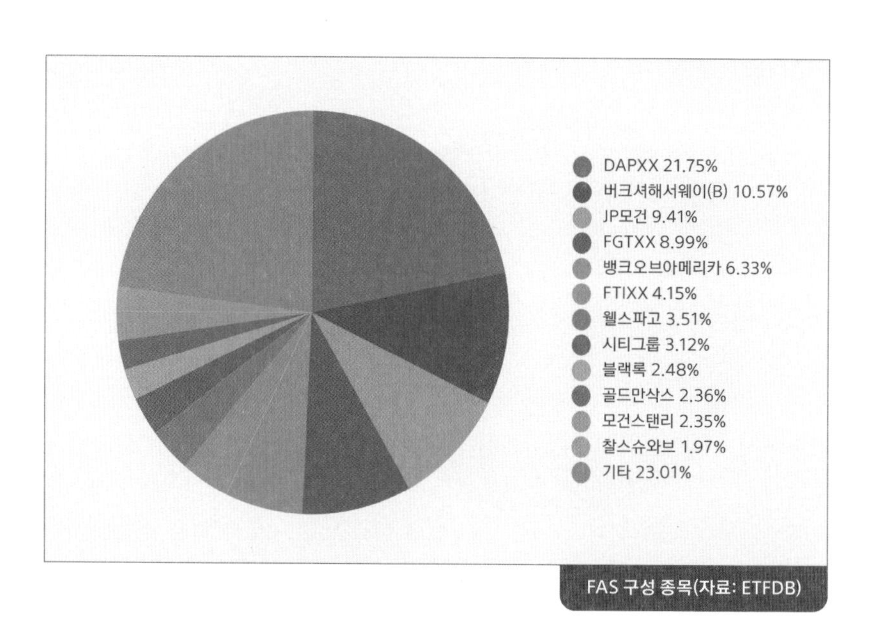

FAS 구성 종목(자료: ETFDB)

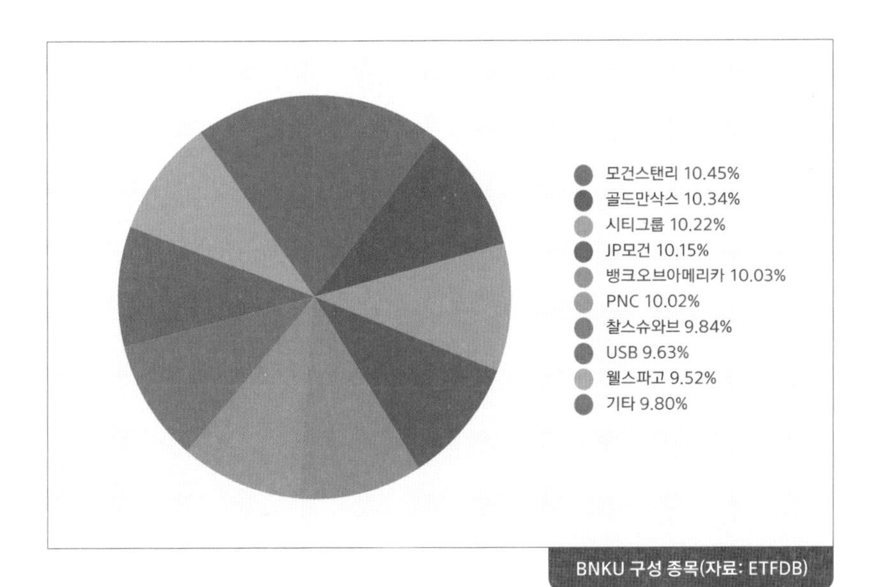

BNKU 구성 종목(자료: ETFDB)

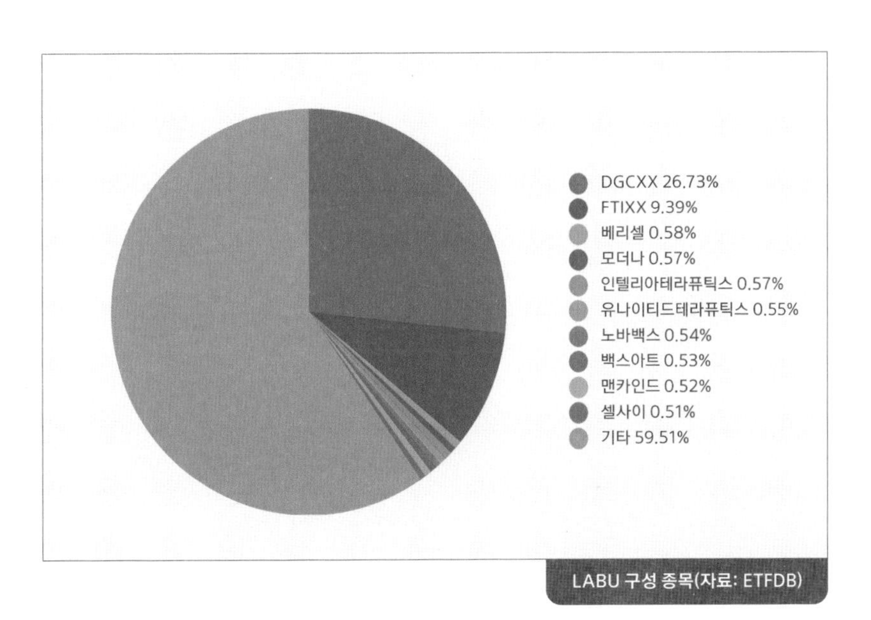

LABU 구성 종목(자료: ETFDB)

반드시 피해야 할 종목과 주의해야 할 종목

앞서 살펴본 상관관계표와 벤다이어그램에 포함되지 않는 많은 레버리지 ETF 상품이 있지만, 무한매수법을 실행하는데 있어 반드시 피해야 할 종목이 있다.

첫 번째는 오일류 ETF다. 오일류 종목으론 대표적으로 NRGU, GUSH 등이 있다. NRGU의 경우 속칭 '너구리'로 불리며 대표적인 오일 관련 레버리지 ETF 상품이기도 하다. 무한매수법이 변동성을 기반으로 하는 투자법이긴 하지만 오일 관련 레버리지 ETF는 변동성이 너무 심하고 국가 간의 정치적 싸움에 영향을 많이 받기 때문에 상장폐지의 위험성이 있어 반드시 피해야 할 종목이다.

두 번째는 VIX류 ETF, 인버스류 ETF다. 인버스는 일반적인 경우와 달리 하락장에서 수익을 내도록 설계된 상품이다. VIX는 변동성을 투자 대상으로 삼는 상품으로 시장이 불안할수록 수익이 증가한다. 아무리 변동성이 심해도, 장기적으로 하락추세에 있는 ETF는 무한매수법 종목으로 피해야 한다.

반드시 피해야 할 정도는 아니지만 무한매수법을 하기에 주의해야 할 종목들도 있다. 바로 이머징 마켓 관련 ETF다. 미국주식 시장에는 YINN(중국), KORU(한국), INDL(인도) 등 신흥국과 관련된 ETF가 각각 있고, EDC라는 신흥국 지수 전체를 추종하는 ETF가 있다. 그런데 기본적으로 나라 전체를 감싸는 ETF는 변동성이 낮은 경향이 있다. UPRO

또한 같은 이유로 3배 레버리지 임에도 변동성이 낮은 편이다. 무한매수법이 변동성에 기대는 투자법이니만큼 이러한 ETF 상품에 투자하는 건 주의가 필요하다.

04 무한매수법을 중도 포기하는 이유

이미 필자 주변 사람들이나 네이버 카페 회원을 포함해 많은 분들이 무한매수법을 하고 계신다. 하지만 또 많은 분들이 무한매수법을 중단하기도 한다. 필자는 지인들에게 무한매수법을 해보라고 권유도 많이 했는데, 실제로 실천해서 수익을 얻는 사람은 생각보다 적었다. 과거 데이터로도, 그리고 그들이 원칙대로 무한매수법을 하기만 했어도 10%의 수익을 짧은 시간 만에 얻을 수 있었는데 왜 못한 것일까? 무한매수법을 중단하게 되는 대표적인 사유들을 적어보고자 한다.

첫째, 매수액을 지키지 않는다

40회 분할 후 한 회차에 해당하는 금액만큼 '정액매수'를 하는 규칙이 있음에도, 상황에 따라 각자 다르게 매수하는 실책이 가장 흔하다. 무한매수법은 변동성이 크기 때문에 하루에도 주가가 크게 뛸 수 있다. 그래서 특히나 주가가 많이 하락하는 날에는 1회분 매수액보다 더 매수를 하고 싶은 심리가 생긴다. 왠지 오늘이 다시 오지 않을 저점인 것 같은 느낌이 들기 때문이다. 이런 생각이 바로 **함정**이다. 무한 매수는 '저점과 고점을 예측하지 않는' 투자법인데 어느 순간 '저점과 고점'을 예측하는 것이다.

하지만 기준 없이 매수액을 늘렸다가, 추후 계속되는 하락에도 자금이 없어 '무한매수'를 이어가지 못하는 상황이 되기도 한다. 함부로 오늘이 저점일 것이라는 예측을 하지 말 것. 명심하고 또 명심해야 한다.

둘째, 매도 규칙을 지키지 않는다

필자가 주변에서 굉장히 많이 본 상황이다. 무한매수는 총 40회차 분량 중에서 1회차 분을 0.5회분씩 쪼개 매수하기 때문에 원금을 소진하기까지 장이 열린 날을 기준으로 짧게는 40일, 길게는 80일까지 이어진다. 이 기간 동안 긴 하락장 끝에 평가액이 플러스로 돌아섰을 때에 '매도를 지키지 않는 일'이 벌어지곤 한다. 그동안 마이너스였던 평가액에 매일 매수하는 것 자체가 고통이었기 때문에, 플러스가 되는 그 순간이 오면, 10% 수익 매도를 기다리지 못하고 0% 또는 1% 수준에서 매도해 버리고 종료하는 경우가 종종 있다. 이런 행동을 반복하게 되면 사이클마다 수익을 얻지 못하며, 장기적으로 수익률을 떨어뜨리게 된다.

셋째, 주변에서 급등주로 큰 이익을 보면 흔들린다

누군가는 운이 좋게 급등주에 올라타서 단기간에 큰 수익을 얻을 수 있다. 그중에서 가장 위험한 것은 가까운 주변 사람이 그런 식으로 수익을 얻었다는 자랑을 듣는 것이다.

무한매수법은 40회 분할매수가 기본이기 때문에, 매수 초기에 많은 현금을 보유하고 있게 된다. 이 시드는 반드시 현금으로 두어야 하는 것이 무한매수법의 원칙이나, 이 원칙을 지키기가 쉽지 않은 것 또한 사실이다. 따라서 남은 현금으로 기준 없이 단타를 하게 되는 경우가 있으며, 그 손실로 무한매수법 또한 계속 이어가지 못하고 포기하는 경우가 종종 발생한다.

필자의 무한매수법은 누구나 할 수 있지만 아무나 하진 못하는 투자법이다. 단순하고 간단한 투자법이지만 '원칙'을 지키기가 굉장히 어렵다. 하루에도 10%씩 널뛰는 주가를 보며 원칙대로 매매를 이어나가기란 생각보다 어렵다. 무한매수법의 시작이자 끝, 기본이자 모든 것은 바로 원칙을 지키는 일이다.

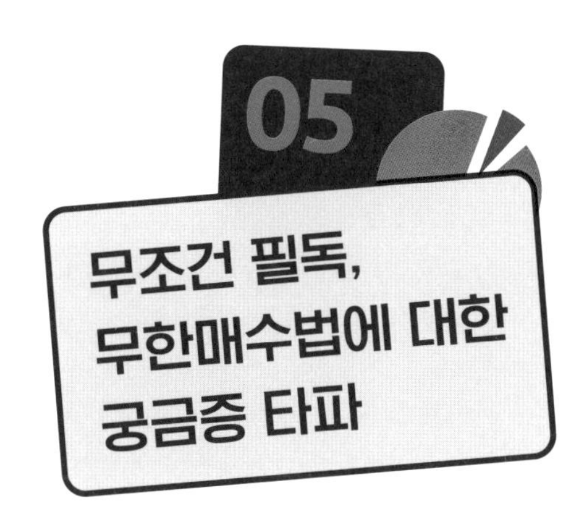

필자가 무한매수법을 본인의 블로그와 운영하는 카페에 소개하는 동안 여러 사람들에게 많은 질문을 받았다. 그중 가장 대표적인 궁금증들에 대해서 답변을 주고자 한다.

왜 하필 40회 분할매수인가요?

필자는 3배 레버리지 ETF들의 6년간의 과거 기록을 바탕으로 다양한 횟수의 분할투자를 백테스트해보았다. 10분할, 20분할, 30분할, 40분할, 50분할, 60분할, 100분할, 200분할은 물론이고 매도 시점도 5%, 8%,

10%, 12%, 15% 등 다양하게 실험해봤다.

모든 종목이 40분할 10% 매도에서 가장 우수한 성과를 얻는 것은 아니다. 어떤 종목은 30분할 8% 매도가 더 우수했고, 또 어떤 종목은 50분할 12% 매도가 더 우수하기도 했다. 하지만 종목마다 다른 분할 및 다른 매도 기준을 추천하는 것 자체가 과최적화 백테스트라고 생각한다.

각각의 종목에 가장 우수하지 않지만, 거의 모든 종목에 가장 무난한 수익률을 가져다주는 수치는 40분할 10% 매도라는 것을 사이클 추세상 확인할 수 있었다. 물론 이 방법조차 2018년 같은 장기 하락장에서는 힘든 시기를 맞이하기도 한다. 하지만 40회 소진 후 영혼법까지 가미되었을 때 긴 하락장도 충분히 돌파가 가능하다는 것을 백테스트로 확인하였다.

무한매수법은 어느 정도 시드로 시작할 수 있나요?

무한매수법은 40분할을 기준으로 최소 하루에 2개주를 매수할 수 있어야 한다. 1개는 LOC평단매수, 1개는 LOC큰수매수이다. 우선 추천 종목에서 ETF 가격을 확인해본다. 예를 들어 2021년 3월 기준 가장 낮은 가격의 3배 레버리지 ETF는 DFEN이다. 가격은 1주당 18달러대 정도에 형성되어 있다.

18달러라고 가정하면, [18달러×2개×40회=1,440달러]로 1,440달러의 원금이 필요하다. 한화로는 약 160만 원에 해당한다. 즉, 160만 원 이

하로는 무한매수법을 시행하기가 어렵다.

게다가 DFEN이 추후 19달러, 20달러가 되었을 때 2개 매수를 전제하기 힘들어지기 때문에, 현재가 기준으로 딱 2개를 매수하는 기준으로 원금을 설정하면 나중에 매수에 오류가 생기게 된다. 따라서 넉넉하게 현시점에 한 회에 2.5개~3개 정도를 매수할 수 있는 금액으로 원금을 잡고 무한매수법을 시작할 것을 추천한다.

정액매수 대신 정량매수를 하면 안 되나요?

정액매수는 정해진 금액 안에서 주식의 개수를 맞춰서 사는 것이고, 정량매수는 정해진 개수의 주식을 사는 방법이다. 81쪽에서 설명했듯이 무한매수법을 진행하다고 했을 때 정량매수를 하면 정액매수보다 평단가가 높게 자리잡는 성향이 있다. 때문에 정액법에 비해 정량법은 '10% 수익'이라는 무한매수법 매도지점에 도달하기 어려운 것이 사실이다. 따라서 한 종목에 최소치인 2개를 매수하는 정량법보다, 한 종목에 6개, 8개 또는 그 이상을 매수하는 정액법이 무한매수법에 더 알맞다.

하지만 2개 매수라고 해서 무한매수법이 불가능한 것은 아니다. 원금이 적어서 어쩔 수 없이 정량매수로 무한매수법을 하고 계시는 분들에게 팁을 드린다. 따로 엑셀을 만들어서, 1회에 2개 매수가 아니라 1회차 매수시도액으로 1만 달러를 가정한다. 그 금액이 10만 달러, 100만 달러여도 상관없다. 가상의 큰돈을 투자한다고 가정한다는 점에서 필자는 이에 **'무한매수법 부자법'**이라는 별명을 붙였다.

정량법으로 실제 투자를 하면서, 동시에 매일 가상의 1만 달러를 정액법으로 투자한 내용을 엑셀에 기록하는 것이다. 매일 1만 달러(내 평단 아래) 또는 5천 달러(내 평단 위)를 매수했다고 가정하고 엑셀에 기록한다. 이렇게 하면 정액법으로 했을 경우의 매도가를 알 수 있을 것이다.

일자/정액법	매수단가	매수개수	누적개수	당일매수액	누적매수액	평단	내일 매도설정가 (10% 수익권)
1day	16.28	614	614	9995.92	9995.92	16.28	17.91
2day	16.21	616	1230	9985.36	19981.28	16.24	17.87
3day	16.02	624	1854	9996.48	29977.76	16.17	17.79
4day	16.05	623	2447	9999.15	39976.91	16.14	17.75
5day	16.85	296	2773	4987.6	44964.51	16.22	17.84
6day	16.69	299	3072	4990.31	49954.82	16.26	17.89

무한매수법 부자법을 활용한 매도가 확인

일자/정량법	매수단가	매수개수	누적개수	당일매수액	누적매수액	평단	내일 매도설정가 (10% 수익권)
1day	16.28	2	2	32.56	32.56	16.28	17.91
2day	16.21	2	4	32.42	64.98	16.25	17.87
3day	16.02	2	6	32.04	97.02	16.17	17.79
4day	16.05	2	8	32.1	129.12	16.14	17.75
5day	16.85	2	10	33.7	162.82	16.28	17.91
6day	16.69	2	12	33.38	196.2	16.35	17.99

실제 정량법 투자 내역

앞의 표는 가상의 주식을 바탕으로 정량법과 정액법으로 무한매수법을 했을 시 내용을 정리한 것이다. 표를 보면 동일한 기간 동안 정액법이 평단가가 낮게 형성되는 것을 알 수 있다. 가상의 정액법 투자 결과로 나온 '매도가'를 실제로 투자하고 있는 종목의 다음날 매도가로 거는 것이다.

'무한매수법 부자법'으로 노릴 수 있는 효과는 무엇이 있을까? 정량법은 정액법에 비해 익절에 시간이 더 소요될 수 있다. 그럴 경우는 잘 없겠지만 극단적으론 정액법으로는 수익을 실현했는데 정량법으로는 수익을 실현하지 못해 매수를 이어갔는데 그 뒤로 장기간 주가가 하락하면서 손절을 하거나 영혼법(계좌분리법)에 돌입해야 할 수도 있다. 만약 부자법을 활용한다면 10%보다 낮은 수익률을 기록하겠지만 좀 더 무한매수의 '회전율'을 높일 수 있다.

그것보다 더 핵심은 이를 통해 시드가 작은 사람들이 무한매수의 '종목'을 늘릴 수 있다는 것이다. 필자는 무한매수의 종목을 적어도 5개 종목까지는 늘리는 것을 추천한다. 여러 가지 종류의 종목들이 서로 '헷지' 효과를 발휘할 수도 있고 수익도 더 '자주' 실현할 수 있기 때문이다. 무한매수에서 종목의 개수는 굉장히 중요하다. 그런 의미에서 적은 시드로 여러 종목을 투자해보고 싶은 사람들에게 부자법은 굉장히 유용하다. **정액법으로 1~2가지 종목에 투자하는 대신, 정량법으로 여러 종목에 투자**하는 것이다. 네이버 '라오어의 무한매수법' 카페에 들어오면 부자법을 하기 위해 필요한 엑셀 시트를 무료로 다운받을 수 있다.

여러 종목이 좋나요,
한 종목에 큰돈을 설정하는 것이 좋나요?

앞에서도 언급했지만 원금이 만약 여유가 있다면, 무한매수법으로 여러 종목을 하는 것을 추천한다. 그 이유는 다음과 같다.

첫째, 현금흐름이 종목마다 다르기 때문에 현금보유에 더 유리하다

둘째, 종목 수가 너무 적으면 지루할 수 있기 때문에, 심리적으로 다른 유혹에 빠지기 쉽다.

셋째, 매도되는 즐거움을 더 여러 번 경험할 수 있다.

넷째, 40분할 소진 후 '영혼법'으로 새로운 매수를 시작하기가 더 유리하다.

LOC큰수매수는 시중가 대비 +10~15%를
일일이 계산해야 하나요?

LOC매수의 뜻은 설정한 가격보다 아래일 때 매수한다는 뜻이다. 따라서 LOC매수를 시중가보다 큰 수로 지정하는 이유는, 해당 종목이 급등한다고 해도 매수를 하기 위한 의도가 있다. 따라서 대략적으로 설정해도 상관없다. 필자도 +15%를 정확히 계산하지 않고, 암산으로 대략적으로 LOC큰수매수를 결정하는 편이다.

왜 매도는 LOC매도가 아니라 지정가매도인가요?

무한매수법에서 지정가로 매도하는 취지는 욕심을 적당히 조절하자는 의도가 있다. 종가가 예상보다 높아질 경우 LOC매도가 지정가매도보다 더 큰 수익이 나는 것이 맞지만, 반대로 장중에 +10% 수익점에 도달했다가 종가에서 낮아지는 경우에는 매도가 이루어지지 않는다. 이러한 불확실성을 줄이기 위해서 지정가매도를 추천드리는 편이다

왜 프리장 매수는 조심해야 하나요?

프리장은 본장에 비해 거래량이 크지 않고, 국내증권사마다 미국 프리장을 지원하는 시간대가 다르다. 따라서 내가 원하는 가격에 매수되는 것보다, 더 불리한 매수로 이어지기 쉽다.

같은 프리장이라고 해도, 본장에 가까워질수록 거래량이 늘어나기 때문에, 프리장 매수를 시도하고 싶다면 최대한 본장이 열리는 시간대에서 시행할 것을 추천한다.

한국주식도 무한매수법이 가능한가요?

무한매수법은 3배 레버리지 ETF를 이용한 변동성이 핵심이기 때문에, 3배 레버리지가 존재하지 않는 한국주식에 적용하기엔 어려움이 있

다. 굳이 무한매수법을 한국주식장에 적용한다면 매도점 퍼센트를 더 낮춰서 적용하는 것은 가능하다. 하지만 이것은 그만큼 미국주식보다 수익률이 떨어지는 결과를 초래한다.

주식을 비롯해 투자와 관련하여 가장 지겹도록 듣는 표현 중 하나는 바로 '복리의 마법'일 것이다.

복리가 무슨 뜻인지는 고등학교 수학시간에 나오지만, 필자가 실제 현실에서 복리의 마법이라는 표현을 처음 들었던 것은 사회생활을 시작하고 만난 어떤 보험설계사로부터였다.

그는 내게 복리를 '마법'이라고 했다. "단리는 덧셈이고, 복리는 그냥 곱셈인데?"라고 알고 있던 필자에게 마법이란 표현은 생소하고 신기한 느낌을 주었다. 당시에는 왜 복리를 마법이라고 표현하는 것일까? 하는 생각이 들었다.

그러고 나서 1년 정도가 지나고, 그 기간 동안 만난 모든 보험설계사가 '마법'이라는 단어를 사용한다는 것을 깨닫게 되고 나서 혼자 쓴웃음을 지었던 기억이 난다.

과연 복리는 정말 마법인 걸까?

복리는 정말 마법이 맞을까

만약 상승만 하는 주가가 있다고 가정하자. 1만 원에서 10% 수익을 단리로 얻어나간다고 하면 1,000원을 벌고, 또 다음번에 1,000원을 버

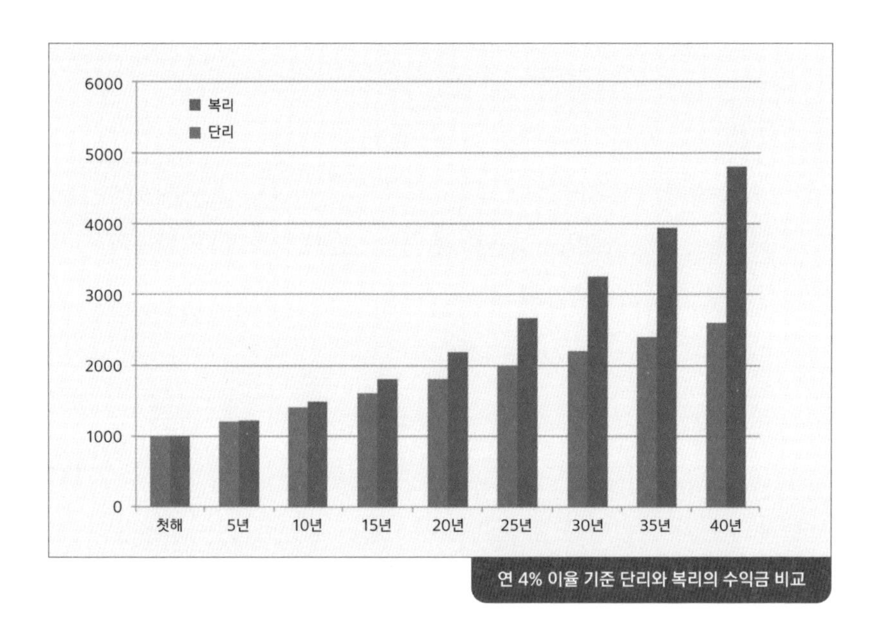

연 4% 이율 기준 단리와 복리의 수익금 비교

는 것이다. 한편 복리로 계산을 한다고 하면 최초 1만 원에서 10%를 벌면 1만 1,000원이 되고, 1만 1,000원에서 10%를 벌면 1만 2,100원이 되어 2,100원을 벌 게 된다. 이것을 복리의 마법이라고 하는 것이다. 연 4% 이율의 예금을 각각 단리와 복리로 40년간 저축했을 때의 비교는 앞의 그래프와 같다.

그렇다면 만약 동전을 던져서 복리로 앞면이 나오면 +60%의 수익을 주고, 뒷면이 나오면 -40%로 수익을 뺏어간다고 하자. 만약 여러분이라면 이 제안에 동의할 것인가? 동전던지기의 확률은 50대 50이고… 뺏어가는 것보다 주는 것이 더 크니 해볼 법하다고 생각될 것이다. 하지만 현실은 의외의 결과가 나온다.

주식에서는 아주 흔한 상황이다. 분명 상승장에 1,000만 원이 1,600

회차	동전	평가금
1회	앞	16,000
2회	뒤	9,600
3회	앞	15,360
4회	뒤	9,216
5회	앞	14,746
6회	뒤	8,847
7회	앞	14,156
8회	뒤	8,493

앞면일 경우 +60%, 뒷면일 경우 -40%일 때 복리 계산

만 원까지 갔는데, 하락장을 잠깐 경험한 것만으로 960만 원으로 변한 것이다. 분명 상승장 동안 60%나 상승했었고 하락장에서는 겨우 40% 하락한 건데… 왜 원금이 줄어들었을까? 이상한 일이다.

단리는 바보 같은 짓이라 배웠는데

김개미 씨는 1억 원으로 주식투자를 하기로 한다. 상승장인 덕분에 어느새 +60%의 수익이 났다. 수익금인 6,000만 원을 현금화시켜 다른 계좌로 옮겨두었다. 원금은 다시 1억 원이 되었다. 옆에 있던 홍배짱 씨는 김개미 씨에게 "복리의 마법도 모르는 바보"라고 놀린다.

이제 하락장이 찾아왔다. 김개미 씨는 원금 대비 -40% 손해가 나서 4,000만 원이라는 금액을 잃었다. 김개미 씨는 지난 번에 얻은 6,000만 원의 수익 중 4,000만 원을 추가 투입했다. 투자원금은 다시 1억 원이 되었다.

만약에 6,000만 원의 이익을 봤을 때 이익금을 그대로 주식에 재투자했다면 어떻게 됐을까? 1억 6,000만 원은 40%가 하락한 9,600만 원이 되었을 것이고 김개미 씨는 최초 투자금에서 400만 원을 잃었을 것이다. 모두가 복리의 마법이 중요하다고 외칠 때, 욕심을 부리지 않고 단리로 투자를 한 덕분에 2,000만 원의 수익을 얻은 것이다.

주식은 직선이 아니다

필자는 무한매수법을 통한 수익금을 곧바로 복리투자를 노리지 말라고 권하는 편이다. 더불어 장투에 있어서도 리밸런싱을 통한 현금 확보의 중요성을 강조하는데 그 이유도 '주식은 직선이 아니기' 때문이다. 만약 예적금처럼 이율이 정해져 있고 수익이 확정된 경우라면 무조건 복리가 유리하겠지만 주식은 다르다. 항상 위아래로 요동치고 있기 때문에 복리가 '무조건적인 마법'이 아닌 것이다.

주변에서 주식투자로 번 수익을 그대로 재투자하는 경우를 많이 보게 된다. 물론 투자원금을 늘리는 것도 중요하지만 본인의 상황과 성향을 따져보고 수익금을 재투자하길 권하며 단리를 하찮게 여기지 않았으면 한다. 마찬가지로 수익을 얻었을 때 복리를 노리지 않아서 수익이 줄어들었다고 안타깝게 생각하지 않았으면 한다. 단리도 상황에 따라서는 복리보다 훌륭한 역할을 하고 있으니까 말이다.

지겹게 본 명언이지만 다시 한 번 투자의 귀재 워런 버핏의 명언의 깊이를 되새김했으면 좋겠다.

투자의 제1원칙 "절대로 돈을 잃지 말라."

투자의 제2원칙 "제1원칙을 절대로 잊지 말라."

쉬어가기

모두가 무한매수법을 하면 벌어지는 일

이미 네이버 카페를 통해 무한매수법을 일찍 접하고 경험하신 분들 중에서는, 추가로 더 많은 분들이 무한매수법을 시행하는 것을 원하지 않는 분들이 있다. 소수가 하던 특정 매수법을 많은 사람들이 하게 되면, 나에게 방해가 될 수 있다고 생각하기 때문이다. 지금까지 존재했던 많은 퀀트투자법들이 비슷한 상황을 겪은 바 있다.

무한매수법도 시황분석 없이 수학적인 기법을 활용해, 약속한 로직대로 움직인다는 점에서, 일종의 퀀트투자법이라고 볼 수 있다. 하지만 다른 퀀트투자법과 다른 특징이 있다면 바로 3배 레버리지 ETF를 종목으로 삼는다는 점이다.

개별종목으로 퀀트투자를 할 경우, 각각의 매매가 서로 영향을 줄 수밖에 없다. 더 낮은 지점에서 매수하고 싶었는데 다른 사람이 매수해버리면 매수계획을 시행할 수 없고, 매도 또한 마찬가지다.

하지만 ETF의 경우 ETF의 가격이 단독으로 결정되는 것이 아니라, 시장지수를 추종하는 것이다. 예를 들어 QQQ가 하락한다면 누군가 QQQ를 대량 매도해서가 아니라, QQQ 안에 속해 있는 기업인 애플, 마이크로소프트, 아마존 등이 하락하기 때문에 QQQ가 하락한 것이다. 따라서 무한매수법을 무효화시키기 위해 일부러 시총 1위인 애플을 하락시키는 전략은 불가능에 가깝다. 게다가 무한매수법은 하락장에도 강한 특징이 있기 때문에 더더욱 의미가 없다.

그리고 현실적으로 필자가 무한매수법을 규칙화했다고 해도, 현실에서는 많은 사람들이 규칙과는 다르게 움직인다. 예를 들어 어떤 ETF가 굉장히 많이 하락하는 날에도, 필자는 함부로 저점을 예측하지 말고 하루에는 하루치 매수만 할 것을 권하지만, 많은 사람들이 하루치 이상의 주식을 매수하기도 한다. 그리고 매도 또한 필자가 +10% 매도점을 규칙화했지만, 사람에 따라 다양하게 매도하고 있다.

매수시작점이 다른 경우, 매도일이 다른 경우도 있기 때문에 어떤 사람이 매도하는 날이 또 다른 사람에게는 매수하는 날이기도 하다. 이렇듯 굉장히 다양한 행동들이 중첩되고 실제 매수매도가 잘 겹치지 않기 때문에, 무한매수법을 대한민국에서 많은 사람들이 하게 된다 하더라도 지금과 크게 달라지지 않는다.

더더군다나 필자가 무한매수법을 추천했을 때, 대부분의 반응은 "그런 쉬운 방법으로 주식에서 수익을 얻을 리가 없고, 이때까지 그 방법을 아무도 개발하지 않았을 리가 없다"는 반응이 주였다. 필자가 개발한 사람인지를 모르는 사람은, 필자가 누군가에게 사기를 당하고 있다고 걱정해주기도 했다.

다만 ETF 선정 시 거래량은 체크를 해야 한다. 아무리 지수를 추종하는 ETF라고 할지라도, 한순간 대량의 매매로 NAV(순자산가치)와 ETF 가격 사이에 급작스런 괴리율이 생기는 순간이 가끔 발생할 수 있다. 이 경우 증권회사에서 LP(Liquidity Provider) 제도에 따라 유동성을 공급해서 NAV와 비슷하게 다시 맞추고 있다.

이 책의 집필 시점인 2021년 상반기를 기준으로 필자가 무한매수법 고려 종목으로 추천한 ETF 중 DFEN, NAIL, MIDU, RETL, WANT, WEBL, TPOR 등은 거래량이나 시총이 낮은 편에 속해, 종목 선택 시 거래량을 고려할 것을 추천드린다. 거래량은 시기에 따라 변하기 때문에 주기적으로 체크해보는 것이 필요하다.

CHAPTER

04

무한매수법과 장투 중에 무엇이 나을까

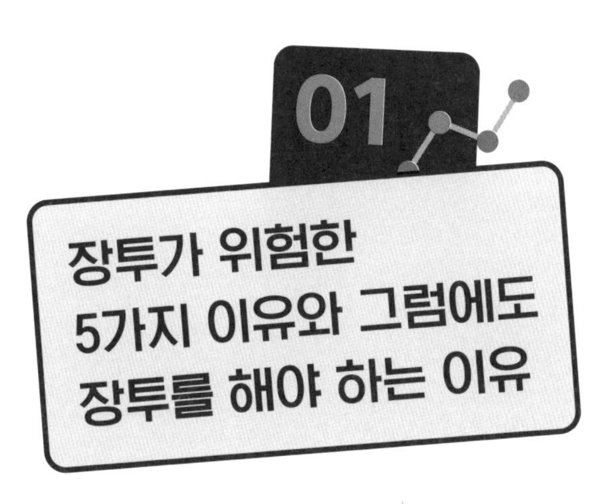

장투가 위험하다는 제목을 보면 다들 의아할 것이다. 일반적으로 장투는 주식투자를 대하는 가장 '올바른 방법'으로 여겨진다. 그래서 그런가, 알음알음 무한매수법을 처음 접한 분들은 크게 두 부류로 나뉜다.

A부류 : 무한매수법 글을 읽고 충격을 받아, 밤새 잠을 못 잤어요!

B부류 : 연 20% 정도 수익이면 그냥 QQQ를 장투하는 게 더 낫지 않나요?
왜 이렇게 귀찮게 매일 매매를 해요?

우리는 장투는 옳고 단타는 잘못된 매매법이라고 은연중에 세뇌당해 있다. 금융전문가도 내 옆 사람도 지인도 심지어 인터넷 게시판에서도, 'BUY&HOLD 전략'이 가장 옳은 투자법이라고들 한다. 여기서는 고정관념을 깨고 장투가 '실질적으로' 단타보다 더 위험한 5가지 이유에 대해 말하고자 한다.

첫째, 매도를 하는 기준이 없다

당신이 어떤 주식이 앞으로 우상향할 것 같아서 매수를 했고, 장투는 옳은 투자법이라고 배웠기 때문에 장투를 실행하기로 했다. 그리고 실제로 그 주식이 우상향했고 당신은 끈기를 가지고 1년을 보유했다. 그럼 대체 이 주식을 '언제' 매도해야 하는 것일까? 단기고점? 과매수구간? 볼린저밴드 상단? 아니면 그냥 내가 돈이 필요할 때?

장투의 가장 큰 문제점은 매도의 기준이 없다는 것이다. 장투를 계획했지만 보유자 입장에서는 영원한 숙제가 남아 있다. "내가 매도를 하고 주가가 더 훨훨 날아가면 어떡하지?"라는 불안감은 덤이다.

오래 보유하고 있을수록 기다린 시간이 아까워서 매도를 하기 더 힘들어진다. 이를 '매몰비용 편향'이라고 한다. 이미 당신은 긴 시간을 그 주식에 매몰해버렸기 때문에 객관적인 판단을 하기 힘들다.

둘째, 긴 장투기간 동안 그 종목이 다른 종목보다 더 낫다는 보장이 없다

얼마 전 EBS 방송에 출연하신 '힐링여행자' 님의 주식투자법이 화제를 모은 적이 있었다. 택시기사를 하며 20년 전부터 삼성전자 주식을 꾸준히 매수했으며, 현재는 어느 정도 경제적 자유를 누리고 계신 상태라고 하셨다. 힐링여행자분이 말씀하시는 주식투자의 최대 장점은 '부동산처럼 큰돈이 필요하지 않고, 또 언제든 쉽게 매수할 수 있다'는 것이었다.

힐링여행자님의 안목은 정말 대단하다고 생각한다. 하지만 그가 매수를 시작했던 종목이 삼성전자가 아니라 2000년 시총순위 2위 SK텔레콤, 3위 KT, 4위 한국전력이었다면 현재 모습은 어떨까?

2000년 시총 상위				2020년 시총 상위			
순위	종목명	시가총액	2020년 순위	순위	종목명	시가총액	2000년 순위
1위	삼성전자	55조 6,825억 원	1위	1위	삼성전자	315조 2,045억 원	1위
2위	SK텔레콤	32조 5,407억 원	15위	2위	SK하이닉스	61조 9,530억 원	5위
3위	KT	30조 6,580억 원	36위	3위	삼성바이오로직스	51조 2,778억 원	2016년 상장
4위	한국전력	22조 1,474억 원	21위	4위	네이버	43조 8,583억 원	25위

2000년과 2020년 국내 시총 상위 기업(자료: 한국거래소)

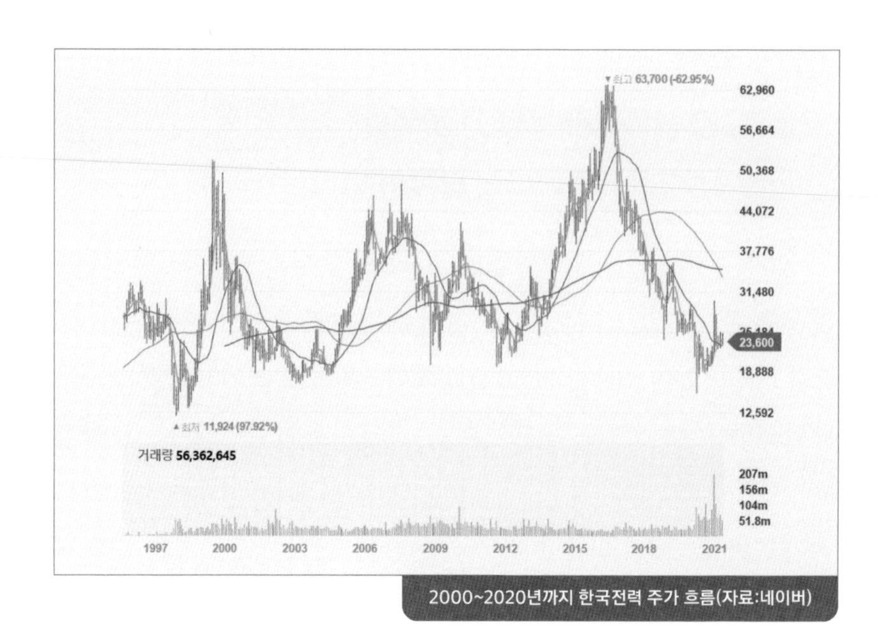

2000~2020년까지 한국전력 주가 흐름(자료:네이버)

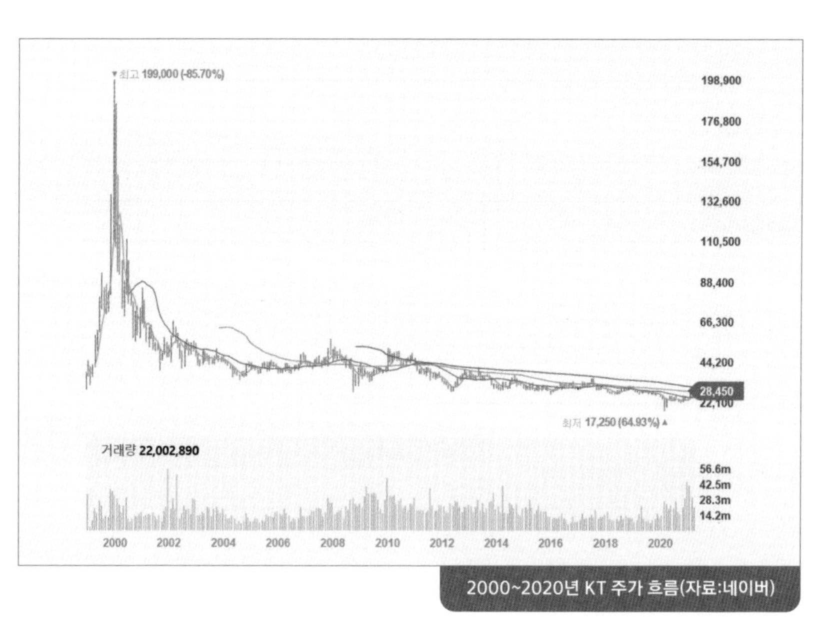

2000~2020년 KT 주가 흐름(자료:네이버)

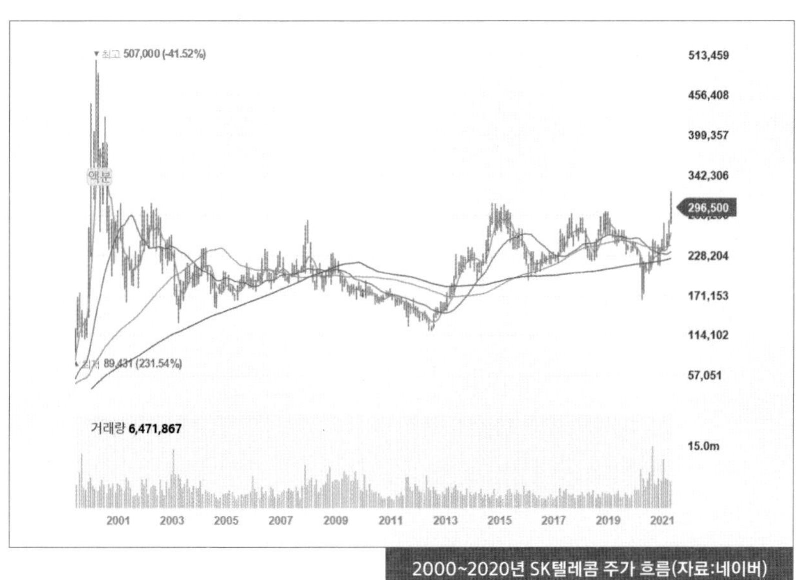

2000~2020년 SK텔레콤 주가 흐름(자료:네이버)

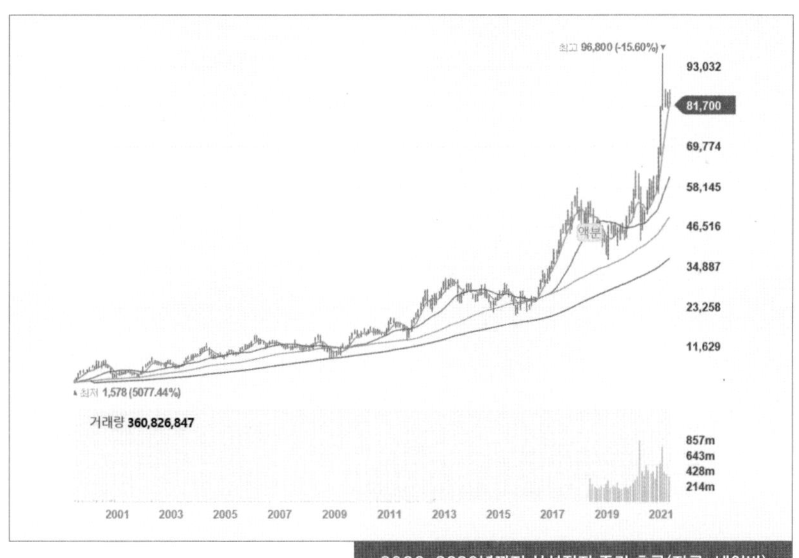

2000~2020년까지 삼성전자 주가 흐름(자료: 네이버)

만약 당신이 2000년부터 투자한 20년 장투의 중간 시점쯤 왔을 때, 위 종목들이 향후 주가 상승 가능성이 있는지 없는지 판단할 수 있는가? 만약 20년 후인 지금까지 장투를 해왔다면 지금에 와서 포기할 수 있는가?

삼성전자의 주가 상승으로 경제적 자유를 얻은 것은, 20년 전 당시의 안목도 있었지만 전 세계 반도체산업 섹터가 최근 5년간 급격히 성장해 왔기 때문인 것도 한몫했다. 반대로 전 세계 반도체산업은 2000년 중반~2010년 중반에 걸쳐 꽤 지지부진한 횡보도 있었다.

지나간 차트를 보고 "나도 할 수 있다"고 말하는 것은 누구나 쉽게 할 수 있다. 그러나 앞으로 20년 후의 미래를 예측할 자신이 있는가?

개별주가 아니라 미국 ETF도 상황은 다르지 않다.

미국에서 가장 유명한 ETF를 뽑으라면 단연 SPY일 것이다. 이 ETF는 S&P500지수를 기반으로 만들어진 ETF이다. 1993년에 만들어진

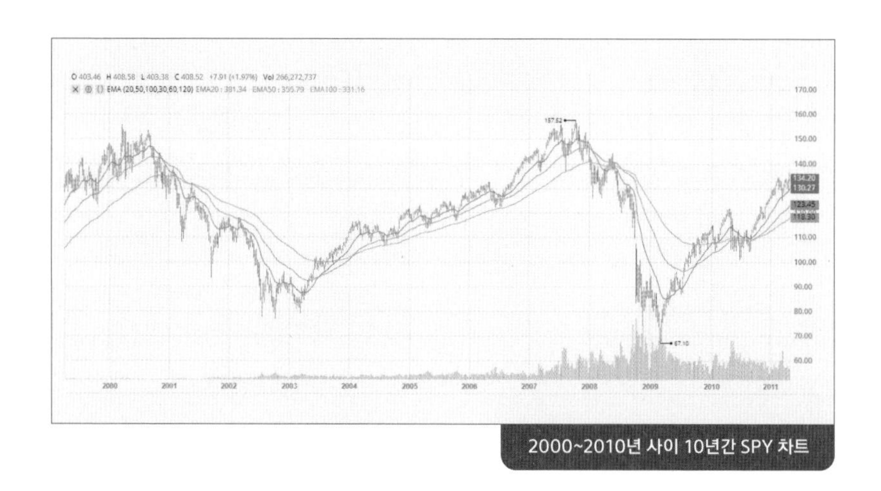

2000~2010년 사이 10년간 SPY 차트

ETF로 벌써 30년 가까운 역사를 자랑한다. 단일 주식이 아닌 ETF조차 장기간 불황에 빠지면 10년 이상 주가가 이런 모습을 보이기도 한다.

셋째, 원치 않는 타이밍에 돈이 필요한 경우가 많다

단타는 장타와 비교해 투자자가 원하는 타이밍에 더 쉽게 매매를 그만 둘 수 있다. 하지만 **장투는 '내가 원치 않는 타이밍에 그만둬야 하는 경우가 대부분'이다.** 왜 그럴까?

우리는 보통 '여윳돈'으로 주식투자를 하라고 타인에게는 쉽게 얘기해줄 수 있지만, 정작 내가 주식투자를 할 때 정말 '여윳돈'만으로 주식을 하는 경우는 없다. 왜냐하면 같은 수익률이라고 해도 원금에 따라 수익금이 차이 나고, 특히 장투의 경우 복리가 붙으면서 더 큰 차이로 벌어지기 때문이다. 따라서 장투계좌에 더 무리해서 자금을 넣는 경우가 많다.

하지만 우리는 인생을 살면서 대학등록금을 내고, 취업준비를 하고, 결혼준비를 하고, 전세금을 마련하고 주택을 장만하고, 병원비도 필요하고, 자식 교육시키고, 자식 거주지 문제 등 돈이 필요한 경우가 끊임없이 발생한다. 장투는 이런 경우 큰 문제가 생긴다.

김개미 씨는 전세 거주자다. 요즘 전셋값이 예상보다 많이 상승하여, 6개월 뒤에 기존 전세금보다 1억 원을 더 마련해야 하는 상황이다. 그런데 하필이면 전 세계가 경기침체에 들어섰다. 김개미 씨는 6개월 내에 주식을 매도해야만 한다. 남은 6개월 중 언제 매도를 해야 할 것인가? 차라리 작년에 매도했으면 더 큰 수익을 얻을 수 있었던 상황인데, 경기침체 기간에 매도해야 할 경우, 작년에 비해 어처구니없는 평가금으로 마무리 될 수도 있다.

결국 장투를 하는 동안 내 의지와 상관없이 인생에서 급작스럽게 돈이 필요한 순간에, 타이밍을 기다리지 못하고 강제로 매도를 해야 하는 상황과 마주하기 쉽다.

넷째, 그 위험하다는 3배 레버리지 투자보다 더 큰 변동성을 견뎌야 한다

우리는 변동성이 큰 주식은 투자하기에 나쁜 주식이라고 배워왔다. 앞서 소개했던 '변동성 잠식' 현상 때문에 횡보장에서 변동성이 더 큰 주식은 하락성향이 더 강하기 때문이다

하지만 어제 매수한 TQQQ(QQQ의 3배 레버리지 ETF)보다 더 위험한 ETF가 있다. 바로 장투를 견뎌서 고수익이 된 1배 레버리지 QQQ이다.

당신이 QQQ를 매수 후 긴 기간 인내에 성공해서 이제 원금의 10배가 되었다고 치자. 당신의 원금은 1억 원이었고, 현재 10억 원이 되었다.

만약 QQQ가 하루에 1%가 내려가면 어떻게 될까? 당신이 만약 어제 TQQQ를 1억 원치 샀다면 TQQQ는 QQQ의 3배 레버리지이므로 -3%를 기록하고 9,700만 원이 되었을 것이다. 하루 손실액은 300만 원이다.

하지만 장투해서 10배가 된 QQQ 는 -1% 시 10억 원에서 1,000만 원이 내려간다. **즉 원금 대비 수익이 10배가 되었다면, 변동성 또한 10배 증가하게 된다.** 앞으로도 당신은 이 정도 변동성을 계속 버티면서 장투를 견뎌야 한다. 만약 장기침체에 들어가게 되면, 장투는 하락세를 정통으로 맞이해야 한다.

다섯째, 매도하기 전의 평가금은 사이버머니에 불과하다

당신은 힘들게 오랜 세월을 버텼고, 드디어 장투로 어느 정도 큰 수익을 이루는 데에 성공했다. 하지만 장투계좌의 평가금은 **사이버머니**에 불과하며, 매도를 해야 내가 사용할 수 있는 현금으로 며칠 후에 전환이 된다.

반대로 단타는 수익실현이 자주 이루어지고, 그 실현수익으로 여러 가지를 선택할 수 있다. 사고 싶던 노트북이나 신발을 살 수 있고, 부모님께 식사를 대접해드릴 수도 있고, 형편이 어려운 사람에게 도움을 드릴 수도 있다. 또는 주식에 재투자를 해서 복리수익을 노릴 수도 있다.

장투를 하고 있는 당신은 오늘도 사이버머니를 보며 미소 짓지만, 마음 한편으로는 언제 이 돈을 사용할 수 있는지 불안하기만 하다.

이처럼 장투가 무조건적으로 정답은 아니다. 그렇다면 주식은 무조건 단타만 해야 하는 걸까? 앞서 장투가 위험한 5가지 이유를 적었음에도 불구하고, 필자는 실제로 무한매수법 계좌와 장투계좌를 모두 가지고 있다. 결론부터 얘기하면 필자는 장투와 단타 두 가지를 모두 해야 한다고 생각한다. 그 이유를 설명하겠다.

하나, 미국은 패권국가 지위를 장기간 유지할 것이다

패권국가의 두 가지 조건을 꼽자면, 바로 경제력과 군사력일 것이다. 고대 로마제국이나 몽골제국, 그리고 중세시대의 포르투갈, 스페인, 네덜란드, 프랑스, 영국 등 유럽의 전성기 패권국가에서 오늘날 미국에 이르기까지, 각 시대를 대표하는 패권국가는 모두 경제력과 군사력에서 세계 최고 수준을 보유할 때 가능했다.

하지만 미국이 그동안의 패권국가와 다른 점이있다면, 바로 '신뢰'다. '경찰국가로서 세계평화를 책임지는 나라'라는 자부심이 있는 미국은, 제1차 세계대전과 제2차 세계대전에서 승전국이었음에도 불구하고 대부분의 국가를 독립시켜주었던, 역사적으로 유일무이한 패권국이었다. 물론 미국도 가끔은 타국에 선을 넘는 간섭을 하기도 하지만, 지나온 패권국가 중 가장 젠틀하다는 평가를 받고 있다.

미국의 패권을 위협했던 과거의 소련, 그리고 현재의 중국이 패권을 차지할 수 없었던 대표적인 이유 중 하나는, 이 '신뢰'의 차이에 있다. 중국이 미국을 넘어서서 패권을 차지할 수 있을까에 대한 다양한 분석이 있지만, 필자는 중국이 패권을 차지하기에는 타국으로부터 받는 '신뢰'가 너무 부족하다고 생각한다. 특히 이번 코로나 바이러스 사태를 거치면서 세계적으로 중국에 대한 불신이 더 증가하였기에, 세계적으로 중국이 패권국가가 되는 것을 원치 않을 분위기가 조성될 가능성이 더 높아졌다고 생각한다.

미국의 패권은 최소한 우리 세대 이상으로 장기간 유지될 것이며, 기술발전과 더불어 장기상승을 계속 이어갈 확률이 높다. 따라서 긴 상승장을 온전히 누릴 수 있는 장투계좌가 어느 정도 필요하다.

둘, 복리효과를 그대로 누릴 수 있다

장투는 대세 상승장의 복리효과를 그대로 누린다는 장점이 있다. 추후 큰 수익이 되었을 때 변동성이 커진다는 단점이 있지만 그만큼 수익이 크다는 것을 반증하기도 한다.

각 주가의 수익률은 어제 종가를 기준으로 매일 리셋되어 매겨지기 때문에, 5% 상승이 두 번 적용된 장투계좌는 5%+5%=10% 수익이 아니라 1.05×1.05=1.1025 즉 10.25%의 수익을 얻게 된다. 이것이 단리와 복리의 차이이며, 장기간 상승 시 그 차이는 더 크게 벌어진다. 단타는 복리효과를 누리기가 어렵다.

셋, 단타의 난도가 높다

매매 기준 없이 단타를 하게 될 경우, 사소한 등락에도 견디지 못하고 손절을 연속으로 경험하게 되는 경우가 많다. 손실액이 커질수록, 원금을 복구하기 위해 더 확률이 낮고 고수익을 노릴수 있는 매매로 빠지게 되고, 이 행동은 더 큰 손해로 이어지게 된다.

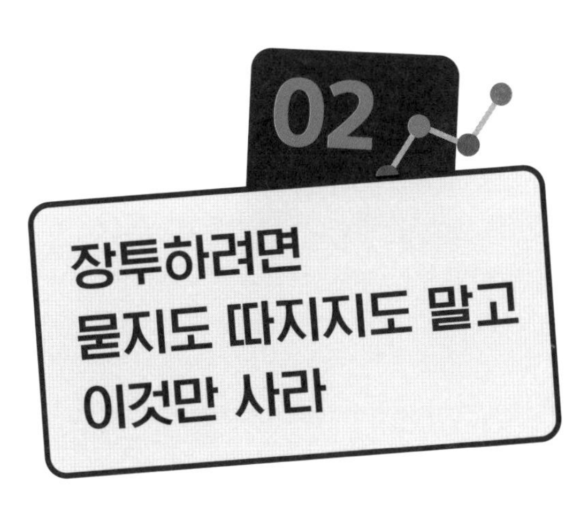

처음에 미국주식을 접하게 되면, 그동안 이름으로만 들어왔던 미국기업 주식들을 직접 매수할 수 있는 재미가 있어서 이것저것을 매수해보게 된다. 애플도 사보고 테슬라도 사보고 디즈니도 사보고 페이스북도 사보고, 평소에 친숙했던 회사들 위주로 주식을 매수하면서 미국주식을 경험하게 된다.

하지만 시간이 지나면서 각 기업마다 수익률이 달라지는 것을 경험하고 나서는, 어떤 회사를 더 비중 있게 투자할 것인가 고민하게 된다. 그러면서 테슬라가 최근에 매출이 상승하고 있는지, 애플에서 반도체를 개발하고 있는지, 아마존은 어떤 배송시스템을 기획 중인지 더 세부적으로

관심을 가지고 찾아보게 된다,

하지만 당신은 직장인이다. 아직은 영어공부도 해야 하고, 승진준비도 해야 하기 때문에 주식에 많은 시간을 쏟기가 힘든 상황이다. 혹은 자영업자이거나 프리랜서일 수도 있다. 어쨌든 우리는 다들 본업이 있다.

직장인인 당신은 ETF를 매수해야 한다

주식에 주도 모르거나, 차트분석이나 기업분석을 할 시간이 없는 일반인들에게 실제로 필자가 추천하는 장투 방법이 있다. 그것은 바로 QLD라는 ETF를 월급이 나오는 대로 적립식으로 매수하는 것이다.

QLD란 'ProShares' 회사에서 만든 QQQ 수익률의 2배를 추종하는 ETF이다. QLD의 토대인 QQQ는 탄탄한 기업들에 분산투자가 되어 있다는 장점이 있는 ETF이다. 대표적으로 애플, 마이크로소프트, 아마존, 구글 등이 있다. 하지만 이미 분산투자가 되어 있기 때문에, 개별주에 비해 수익률에서 약간의 아쉬움을 느낄 수도 있다. 그래서 조금 더 수익률에 욕심을 낼 수 있고, 어느 정도 하락장은 견딜 수 있는 분에게 QLD를 추천한다.

우리는 각종 금융서적이나 유튜브에서 레버리지 ETF는 나쁜 것이라고 배웠다. 정확히 말해 레버리지는 잘못이 없다. 레버리지든 아니든 같은 변동성을 가진 주가는 변동성 잠식 이론이 적용된다. 예를 들어 테슬라가 QLD와 비슷한 변동성을 가지는 시기가 있다고 한다면, 테슬라는 나쁜 주식일까?

물론 횡보장 기간에서 QLD는 QQQ보다 손해가 큰 것 또한 사실이다. 하지만 영원히 횡보할 것이라고 생각한다면 우리가 미국주식에 투자할 이유가 있을까? 변동성이 정말 그 정도로 나쁘다면, 만약 '0.5배 QQQ' 라는 새로운 ETF가 만들어진다면 QQQ는 상대적으로 나쁜 ETF가 되는 것일까?

만약 장기적으로 경제적인 여유를 누리는 것이 당신의 목표라면 QLD 정도의 변동성은 버틸 수 있어야 한다고 생각한다.

장기적인 상승을 담보로 한 QLD의 모습은 꽤 위력적이다.

만약 2010년에 QLD에 매달 50만 원 씩 꾸준히 투자했다면 2021년 3월 기준 투자원금 6,750만 원에 평가금액은 무려 5억 원에 달한다. 만약 은행에 10년 동안 적금을 넣었다면 어떻게 됐을까? 연이율 2% 적용 시

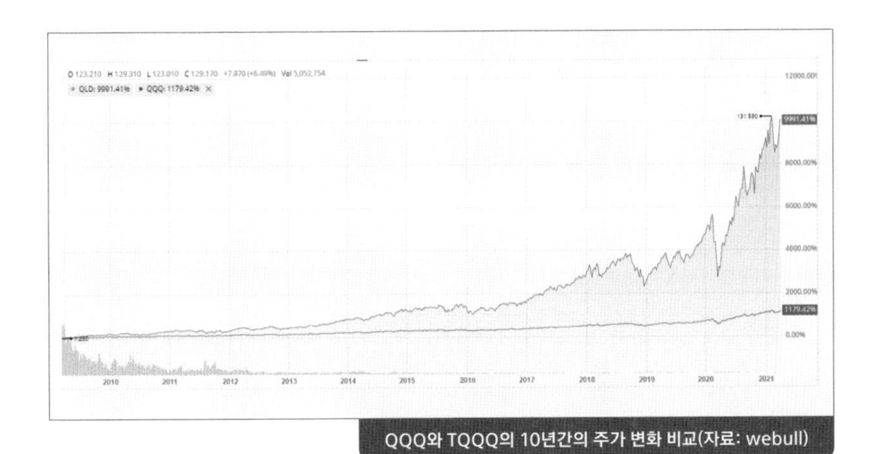

QQQ와 TQQQ의 10년간의 주가 변화 비교(자료: webull)

적금 만기액은 6,550만 원이고 3%를 적용해도 만기액은 6,850만 원밖에 안 된다.

하지만 결과를 알고 차트를 되돌아보는 것과, 실제로 오랫동안 투자하고 주식을 보유하고 있는 경험은 천양지차라는 것을 말씀드리고 싶다. 당신이 수익률에 욕심을 갖고 QQQ 대신 QLD를 선택하고 싶다면, 하락장에서 받을 고통도 2배 이상이 될 수 있다는 점을 각오해야 한다.

요즘 가장 핫한 ETF, ARKK vs QLD

당신이 미국주식에 조금이라도 관심을 가지고 있었다면, ARKK라는 ETF를 한 번쯤 들어본 적이 있을 것이다. ARK 회사에서 만든 액티브 ETF이며, '캐서린 우드'라는 여성 투자가가 이끌고 있다. 'Catherine Wood'라는 이름을 따서 캐시우드, 일명 돈나무라는 별명을 얻을 만큼 성공한 투자자의 대표 이미지가 되었다.

ARKK ETF는 파괴적 혁신(Disruptive innovation) 기업에 투자하는 것을 모토로 하고 있으며, QLD와 차트를 비교해본 결과는 옆 쪽의 차트와 같다. 2021년 2월 기준 최근 1년의 상승세는 ARKK가 더 좋다. ARKK는 2021년 2월 기준으로 테슬라, 텔레닥헬스, 스퀘어와 같은 기업들로 이뤄져 있다. 특히 테슬라를 일찍부터 발굴해서 투자한 것으로 유명하다. 테슬라의 비중이 큰 것은 장점이자 약점으로 꼽히기도 한다.

액티브 ETF인 ARKK와 다르게, QLD가 추종하는 QQQ는 패시브

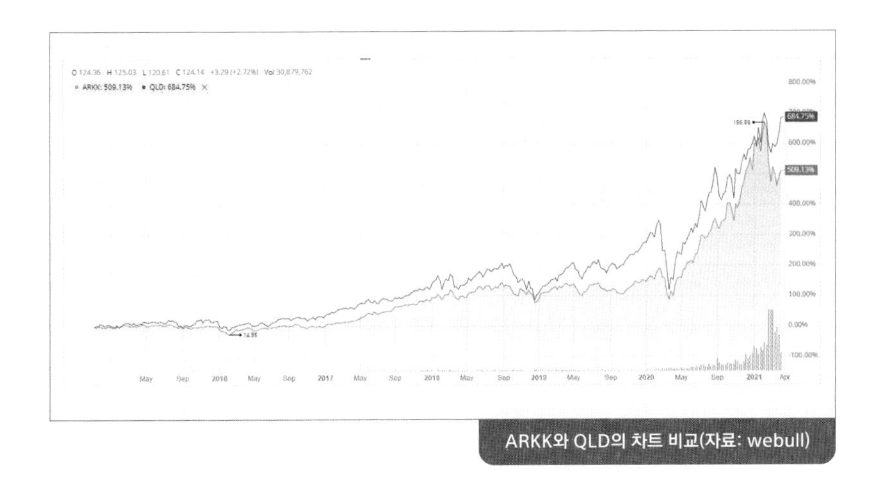

ARKK와 QLD의 차트 비교(자료: webull)

ETF에 속한다. 액티브 ETF는 펀드매니저가 독자적으로 판단하여 ETF에서 보유회사 비중을 조절할 수 있으며, 지수보다 초과수익을 노리는 것을 목표로 한다.

패시브 ETF는 지수를 추종할 뿐, 펀드매니저의 의견이 들어가지 않는다. 앞서 설명한 ETF인 SPY, QQQ 모두 패시브 ETF이다.

"VOO가 10년 후 프로티지의 액티브펀드 수익률보다 높을 것이라는 데에 100만 달러를 걸겠다."

VOO는 SPY와 거의 비슷한, S&P500지수를 추종하는 패시브 ETF다. 위 말은 2006년 5월에 워런 버핏 회장이 한 인터뷰에서 한 말이다. 이에 프로티지가 응하면서 역사적인 10년 수익률 내기가 성사되었다.

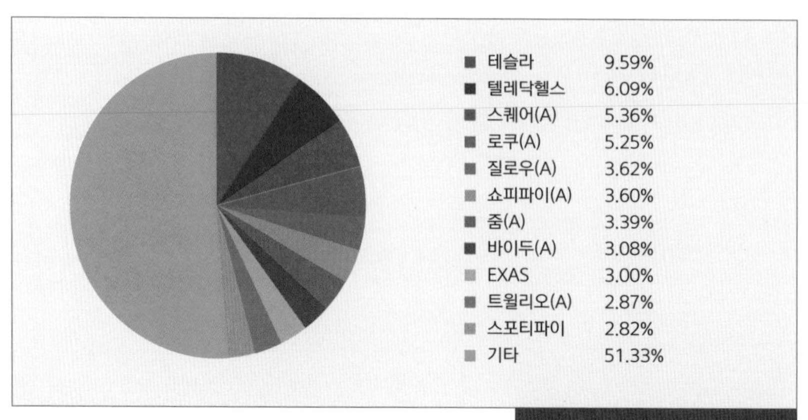

ARKK 종목 구성(자료: ETFDB)

2008년 1월 1일에 시작한 이 승부는 2017년 12월 31일에 종료되었다. 2008년을 제외한 대부분의 기간에서 패시브 ETF가 승리하며, 10년간 누적수익률은 '125.8% vs 36.3%'으로 워런 버핏이 압도적으로 승리하였다.

ARKK가 현재 훌륭한 퍼포먼스를 보여주는 ETF인 것은 맞다. 그러나 장기적으로 10년, 20년 후에도 QLD를 앞설 수 있다고 장담하기가 어렵다. ARKK를 이끄는 수장 캐서린 우드는 2021년 기준 60대 중반의 나이로, 10년 후에는 70대 중반이 된다. 캐서린 우드가 그때까지 지금처럼 통찰력을 가지고 있을지, 그리고 제2의 캐서린 우드가 ARKK를 이끌 수 있을지 확신할 수 없는 이유이기도 하다.

그리고 ARKK가 특출한 퍼포먼스를 보인 것은 2020년 한 해이며, 2015년 초에서 2019년 말까지 5년 동안의 수익률을 비교하면 QLD가 더 높은 수익률을 기록하고 있음을 알 수 있다.

다만 QLD가 ARKK보다 낫다는 주장은 필자 개인적인 생각이고 이 글은 ARKK 매수, 매도를 권하는 글이 아님을 다시 한번 말씀드린다.

03 거치식이 좋을까 적립식이 좋을까

장투를 계획하고 있는 많은 사람들이 거치식과 적립식 중 무엇을 택해야 할지 고민할 것이다. 현재 목돈이 없어서 근로소득으로 적립식 매수를 해야 하는 사람에게는 이 질문은 의미가 없다. 어차피 적립식 분할매수밖에 선택권이 없기 때문이다.

하지만 수중에 목돈이 있는 사람은 깊은 고민에 빠진다. 지금 매수하자니 고점같이 느껴지고, 분할매수를 하자니 어느 정도 기간 동안 분할해서 매수해야 하는지 알 도리가 없는 것이다.

그럴 수밖에 없는 것이, 우리는 당장 오늘의 주가도 상승할지 하락할지 알지 못한다. 하물며 내일 또는 일주일 후 또는 1년 후 주가가 지금보다 올라가 있을지 내려가 있을지 어떻게 알겠는가.

이에 대해 뱅가드(Vangaurd)라는 투자회사에서 연구를 한 적이 있다. 미국, 영국, 호주 주식장에 '목돈투자 vs 12개월 분할매수' 중 어느 쪽의 수익이 더 높았는지를 조사하였다. 조사기간은 미국 1926~2015년의 90

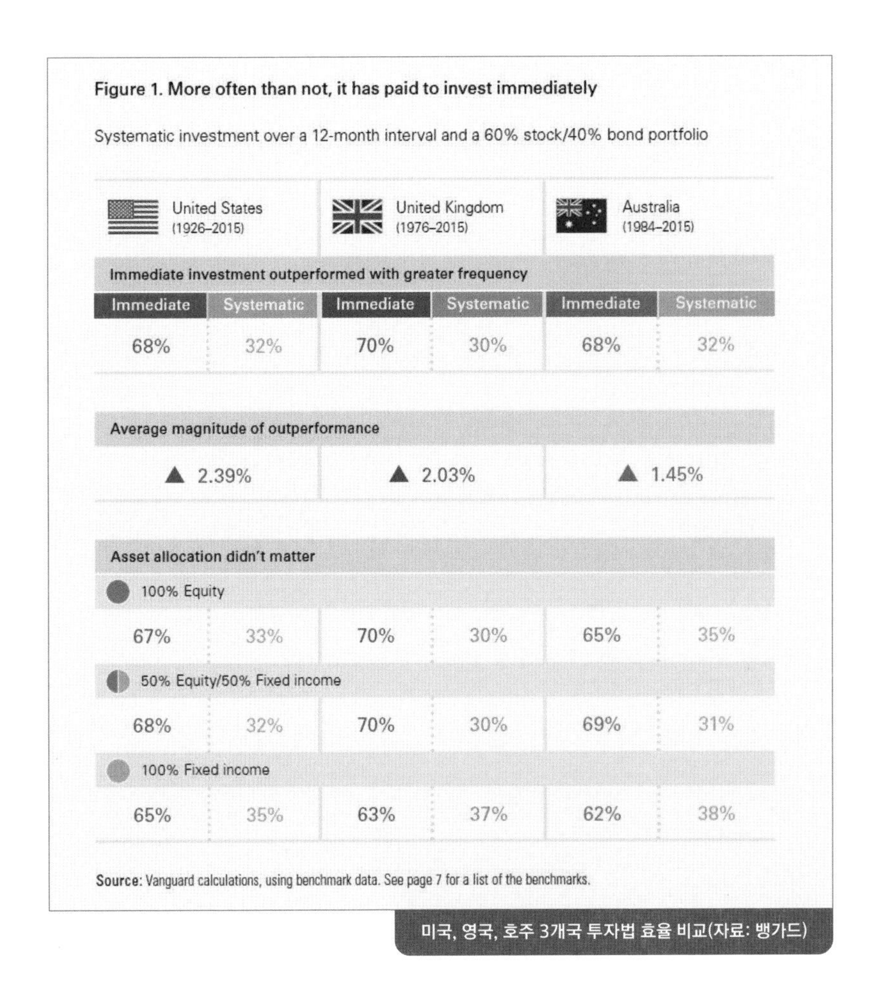

Figure 1. More often than not, it has paid to invest immediately

Systematic investment over a 12-month interval and a 60% stock/40% bond portfolio

	United States (1926–2015)		United Kingdom (1976–2015)		Australia (1984–2015)	
Immediate investment outperformed with greater frequency	Immediate	Systematic	Immediate	Systematic	Immediate	Systematic
	68%	32%	70%	30%	68%	32%
Average magnitude of outperformance	▲ 2.39%		▲ 2.03%		▲ 1.45%	
Asset allocation didn't matter						
100% Equity	67%	33%	70%	30%	65%	35%
50% Equity/50% Fixed income	68%	32%	70%	30%	69%	31%
100% Fixed income	65%	35%	63%	37%	62%	38%

Source: Vanguard calculations, using benchmark data. See page 7 for a list of the benchmarks.

미국, 영국, 호주 3개국 투자법 효율 비교(자료: 뱅가드)

년간, 영국 1976~2015년의 40년간, 호주 1984~2015년의 32년간이다. 과연 어떤 결과가 나왔을까?

결과는 주식만 투자하든, 채권을 섞어서 투자하든 상관없이, 거치식 투자가 약 70% 정도로 12개월 분할매수 대비 수익률이 높았다. 이번에는 '목돈투자 vs 2개월 ~60개월 분할매수' 중에서 어느 쪽이 더 수익률이 높았는지에 대한 뱅가드사의 분석내용이다.

이 자료를 확인한 순간부터 당신은 지인에게 조언해줄 수 있다. "목

2개월 분할매수 < 거치식매수	65.9%	32개월 분할매수 < 거치식매수	88%
4개월 분할매수 < 거치식매수	70.9%	34개월 분할매수 < 거치식매수	88.4%
6개월 분할매수 < 거치식매수	74.4%	36개월 분할매수 < 거치식매수	89.1%
8개월 분할매수 < 거치식매수	77.7%	38개월 분할매수 < 거치식매수	89.7%
10개월 분할매수 < 거치식매수	78.9%	40개월 분할매수 < 거치식매수	89.8%
12개월 분할매수 < 거치식매수	80%	42개월 분할매수 < 거치식매수	90.4%
14개월 분할매수 < 거치식매수	82.1%	44개월 분할매수 < 거치식매수	90.8%
16개월 분할매수 < 거치식매수	83.2%	46개월 분할매수 < 거치식매수	90.6%
18개월 분할매수 < 거치식매수	83.5%	48개월 분할매수 < 거치식매수	91.1%
20개월 분할매수 < 거치식매수	85%	50개월 분할매수 < 거치식매수	91.9%
22개월 분할매수 < 거치식매수	85.3%	52개월 분할매수 < 거치식매수	92.4%
24개월 분할매수 < 거치식매수	86.5%	54개월 분할매수 < 거치식매수	93.4%
26개월 분할매수 < 거치식매수	87.2%	56개월 분할매수 < 거치식매수	94.2%
28개월 분할매수 < 거치식매수	87.5%	58개월 분할매수 < 거치식매수	94.5%
30개월 분할매수 < 거치식매수	87.8%	60개월 분할매수 < 거치식매수	94.9%

1960년~2018년 동안 거치식매수가 분할매수보다 더 수익률이 높은 경우

돈을 한 번에 거치식으로 매수하는 것이, 더 나은 선택일 확률이 높다"고 말이다. 필자 또한 장투를 준비하는 주변인들에게 만약 목돈으로 한 번에 큰 투자를 하는 것이 심리적으로 불안해서 분할매수를 하고 싶다면, 분할매수 기간은 한 달을 넘기지 말라고 권하고 있다.

고액투자자라면 필수로 공부해야 하는 리밸런싱 전략

"나는 MDD를 어디까지 견딜 수 있을까"

주식 장기투자를 하는 사람이라면 스스로에게 물어봐야 할 필수 질문이다. MDD란 'Maximum Draw Down'의 줄임말로, 주식에서는 고점 대비 최대 하락폭을 뜻한다.

만약 당신이 1억 원을 투자했다고 가정하자. 1년을 견딘 끝에 평가금이 1억 5,000만 원이 되었다. 그런데 코로나 사태를 맞이하여 하락장을 경험한 끝에, 한 달 만에 평가금이 7,500만 원으로 반토막이 되었다. 당신은 이 시기를 버틸 수 있을까?

글로 읽어선 큰 감흥이 없겠지만 실제 하락장을 맞이한 투자자는 굉장히 힘든 시기를 보내게 된다. 아마 하루하루가 지옥 같을 것이다. 내일이면 더 떨어질 것 같은 생각에 '오늘 팔고 내일 더 떨어지면 다시 매수할까? 혹시 내가 판 지점이 가장 저점이면 어떻게 되는 걸까' 같은 고민을 수없이 하며 마음이 흔들리게 된다.

따라서 수익률 못지않게 중요한 것은 MDD 관리를 어떻게 하느냐이다. 홍배짱 씨는 고점 대비 -50%가 되었는데, 김개미 씨는 같은 기간에 고점 대비 10% 하락했다면, 누가 더 '패닉셀' 하기 쉬울지는 불 보듯 뻔하다.

MDD 관리에 리밸런싱은 선택이 아닌 필수

먼저 일반적인 주식 리밸런싱 방법을 예시로 알려드리고자 한다. 투자금을 주식파트 60%, 채권파트 40% 비중으로 나눠 주식을 매수 후 이 비중이 많이 무너질 때나 또는 정기적으로 정해진 기간마다 60대 40의 비중을 맞추는 방법이 가장 흔하다.

예를 들면 1억 원으로 주식투자를 하고 싶은 김개미 씨가 있다고 가정하자. 김개미 씨는 주식투자 경험이 많지 않고, 주식에 너무 큰돈을 투자하기엔 불안하다. 'SPY'라는 미국 대표 ETF에 관심이 많았으나, SPY 한 종목에만 투자하기에는 장기하락장이 닥쳤을 때 버티기 힘들 것으로 판단해 수익률을 조금 낮추더라도 MDD를 내릴 수 있는 리밸런싱 방법을 시행해보기로 했다. SPY와 짝을 맞출 리밸런싱 상대역으로는 TLT를 선택하였다. TLT는 미국장기채권으로 주식과 음의 상관관계를 보여주는 경향이 강하다. 일반적으로 주식이 오르면 TLT는 떨어지고, 주식이 떨어지면 TLT는 오르는 것이다.

주식계좌 개설 후 1억 원 중 SPY를 60%인 6,000만 원으로 SPY를 매수하고, TLT를 40%인 4,000만 원치 매수하였다. 꾸준히 주식이 상승해서 어느덧 전체 평가금 중 SPY가 약 70% 비중이 되었고, TLT는 약 30% 비중이 되었다. 김개미 씨는 SPY를 일부 팔아, 매도금액으로 TLT를 매수하여 다시 60대 40 비중으로 맞추었다.

어느 날 장기하락장이 이어져서 전체 평가금 중 SPY가 약 50% 비중이 되었고, TLT 또한 약 50% 비중이 되었다. 김개미 씨는 TLT를 일부 팔아, 매도금액 그대로 SPY를 매수하여 다시 60대 40 비중으로 맞추었다.

만약 김개미 씨가 2011년 1월부터 2020년 12월까지 10년 동안 이렇

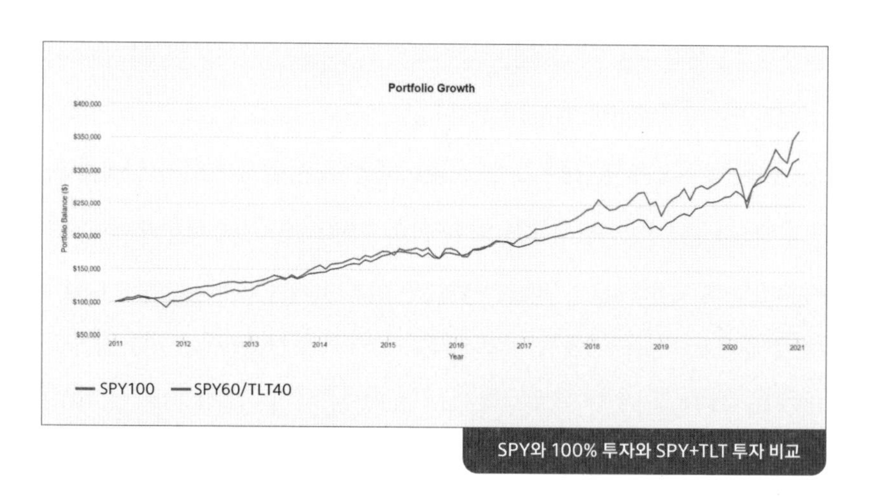

SPY와 100% 투자와 SPY+TLT 투자 비교

구성	자산($)	최종	연평균수익률	최고수익(년)	최저 수익(년)	MDD
SPY 100%	10,000	36,300	13.76%	32.31%	-4.56%	-19.43%
SPY 60%+TLT 40%	10,000	32,183	12.40%	24.52%	-2.82%	-6.96%

SPY와 TLT 2011~2020년 장투 백테스트

게 SPY와 TLT를 리밸런싱하며 장기투자했다면 결과는 다음과 같다.

만약 SPY에만 1억 원을 투자했다면 10년 후 평가금은 3억 6,300만 원이 되었을 것이다. TLT를 추가하여 60대 40 리밸런싱을 했다면 평가금이 3억 2,100만 원이 된다.

대신에 MDD는 SPY 올인 시 '-19.43%'인 반면, TLT를 추가하여 리밸런싱을 하면 '-6.96%'로 낮아진다. 즉, 고점 대비 -6.96%의 하락이 가장 큰 하락에 속한다는 뜻이다. SPY 올인과 크게 비교되는 부분이다. 어떤 경우에 내 마음이 편안하고 버티기 더 쉬울까?

다만 이는 분기별 백테스트이므로 일별 백테스트와는 수치의 차이가 있고, 과거의 백테스트가 미래를 보장해주지 않는다. TLT와 리밸런싱을 통해서 MDD가 조절되는 경향을 예시로 보여드린 자료에 불과하다. 또한 예시를 든 수치에서 60대 40으로 비중을 맞추는 것이 가장 좋은 선택이라는 뜻은 아니며, 간단하게 예시를 든 것에 불과하다.

처음부터 채권 비중을 높게 잡을수록 더 안정적이며, 앞서 예시를 든 60대 40이 가장 사람들이 많이 선택하는 비율이지만, 거꾸로 40대 60을 선택하는 투자자도 있으며, 반대로 더 공격적으로 80대 20을 선택하는 투자자도 있다. 개인적인 성향과 상황에 맞추어 비율을 결정하면 된다.

리밸런싱 상대역으로 반드시 채권만 사용하지는 않으며, 주식/현금 리밸런싱, 주식/VIX계열 리밸런싱(VIX: 공포지수로 만든 ETF, ETN으로 VIXY, UVXY, VIXM 등이 있다), 주식/배당주 리밸런싱, 주식/금 리밸런싱 또는 앞의 많은 종목을 혼합한 리밸런싱 방식 등 여러 스타일이 있다.

월 50만 원 투자로 10년 만에 10억 원 만들기

필자는 앞서 복잡하게 공부할 필요 없이 미국주식에 적립식으로 투자하고 싶은 사람이라면 QLD 상품을 꾸준히 모으라고 추천한 바 있다. 그리고 고액투자자들을 위한 리밸런싱 전략도 소개했다. 이번 장에서는 좀 더 발전된 전략으로 '밸류 리밸런싱(VR, Value Rebalancing)' 전략을 소개하겠다. 밸류 에버리징(Value Averaging)과 리밸런싱(Rebalancing)을 접목한 개념으로, 필자가 이름 붙인 전략이다.

제목을 보고 깜짝 놀란 독자가 있을 것이다. 매달 50만 원씩 모아서 10년 만에 10억 원을 만들 수 있을까? 원금만 계산해선 6,000만 원인데 이런 어마어마한 수치가 가능하리라 믿기 힘들 것이다. 지금부터 불가능을 어떻게 현실로 만들 수 있는지 예시를 통해 차근차근 소개하겠다.

"무한매수법으로 매달 월급에 준하는 수익을 실현하던 김개미 씨는 최소 10년은 투자할 장투도 함께 병행하기로 결심했다. 최초 원금 500만 원을 나스닥 추종 3배 레버리지 상품인 TQQQ에 투자하고, 매달 50만 원씩 추가로 투자하려 한다. 김개미 씨는 TQQQ는 3배 레버리지 상품이기에 리밸런싱 전략이 필수라고 생각한다. 그는 어떻게 투자해야 할까?"

1단계: V값 설정하기

리밸런싱은 2주 단위로 진행되고 월 투자금 50만 원 역시 25만 원씩 나눠서 투입한다. 기준이 되는 V값(주가)을 설정하고 2주 동안 V값을 기준으로 보유한 주식의 주가를 판단해 리밸런싱을 진행한다. 그리고 2주가 지나면 새롭게 V값을 정하고 다음 2주 동안 새로운 기준으로 리밸런싱을 하는 방식이다. V값을 구하는 공식은 다음과 같다.

[다음 V값 = 현재 V값 × 1.02 + 25]

김개미 씨의 경우 최초의 V값은 500(만 원)이다. V값에 2% 수익률을 더하고 매달 투자금액인 50만 원의 절반인 25만 원을 더한 값이 다음 V값이 되는 것이다. 예를 들어 최초 500만 원을 투자한 김개미 씨의 다음 V값은 [500×1.02+25=535]가 된다. 기대수익률은 매년 낮춘다. 예를 들어 2021년 2%, 2022년 1.9%, 2023년 1.8% 등과 같은 식이다.

2단계: 2주 동안의 V값 범위 정하기

김개미 씨의 현재 V값은 500이고 다음 V값은 535이다. 이때 리밸런싱의 기준이 되는 V값의 범위를 구하는 공식은 다음과 같다. 내가 보유한 주식의 평가금이 이 범위 안에 있으면 아무것도 하지 않아도 된다. 즉, 추가적인 매수나 매도를 할 필요가 없는 것이다.

V값 범위 = 현재 V값의 -20% ~ 다음 V값의 +20%

김개미 씨의 경우 V값의 범위는 [500×0.8~535×1.2=400~642]가 된다. 즉 평가금액이 400만 원에서 642만 원인 경우는 그대로 계좌를 놔두면 된다. 2주간 이 범위 안에 있으면 주가의 등락에 연연치 말고 그대로 두면 된다. 이때 투자금으로 마련한 25만 원은 '풀(Pool)'에 들어가게 된다. Pool은 이 계좌에 투자하기 위해 보관하는 자금이라 생각하면 된다.

3단계: 리밸런싱 진행

만약 V값 범위를 벗어난다면, 즉 -20%보다 더 떨어지거나 +20%보다 더 주가가 상승한다면 리밸런싱을 진행한다. 예를 들어 V값 범위의 최소가 800만 원인데 평가금이 770만 원이 되었다면 30만 원을 추가 매수한다. V값 최대가 1,000만 원인데 평가금이 1,040만 원이되면 40만 원치를 매도하는 것이다. 이런 식으로 2주 동안 진행한 뒤 마지막 금요일 평가금은 다음 'V값 범위'의 최소최대 수치 안에 있어야 한다.

예를 들어 최초 V값이 500일 때 V값의 범위는 최소값은 [500×0.8=400], 최댓값은 다음 V값인 [500×1.02+25=535]에서 +20%인 지점이므로 [535×1.2=642]가 된다. 2주 후에는 현재 V값이 535가 되고, 다음 V값은 [535×1.02+25=570.7]이 된다. 따라서 V값의 범위는 [현재 V값의 -20%~다음 V값의 +20%]이므로 [535×0.8~570.7×1.2=428~684.84]가 된다.

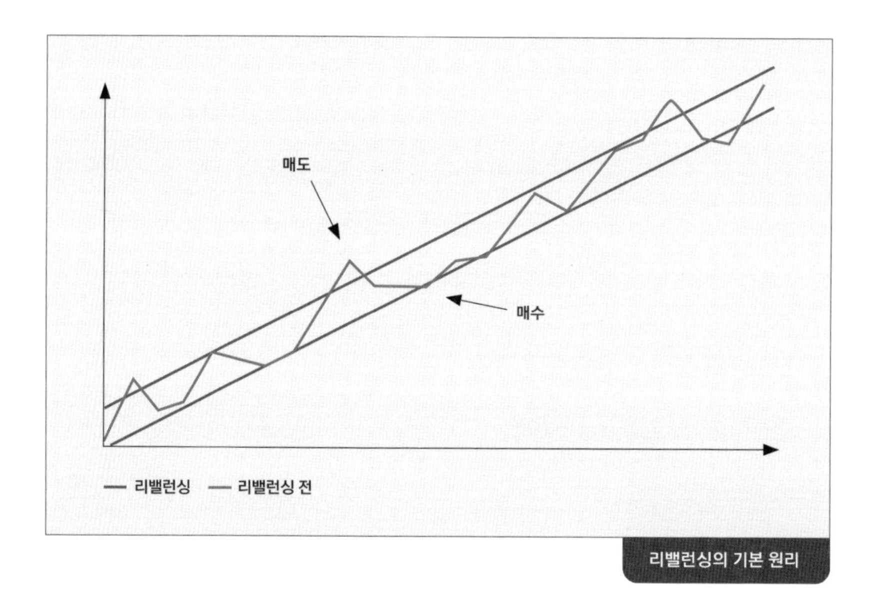

리밸런싱의 기본 원리

Pool값 정리

만약 2주 리밸런싱 기간 동안 추가적인 매수나 매도가 없다면 투자금으로 마련한 25만 원은 계속해서 Pool에 적립된다. 평가금이 최소값보다 낮으면 Pool이 0원으로 떨어지는 한도 내에서 추가 매수를 하면 되는 것이고, 평가금이 최댓값보다 높으면 주식을 매도하고 이렇게 얻은 수익은 다시 Pool에 적립되는 형식이다. 예를 들어 최소값이 900만 원인데 현재 평가금이 860만 원이라면 Pool에서 40만 원을 빼와 추가매수를 한다. 반대로 최댓값이 1,350만 원인데 평가금이 1,400만 원이라면 50만 원치

등락율	기대V	평가금		최소	최대	매매액수	POOL
100.62%	644,26	564,35		515,41	818,57		79,99
95.17%		537,09					
101.58%		545,60					
105.93%		577,97					
98.46%		569,04					
95.96%		546,07					
101.21%		552,66					
97.96%		541,40					
95.32%		516,05					
101.87%		525,70	545,71			20,01	
98.94%	682,14	539,91	545,71	545,71	864,94	5,80	36,40
95.74%		522,44	545,71			23,27	
92.76%		506,18	545,71			39,53	
102.77%		560,83					
98.90%		554,67					
105.79%		586,76					
99.46%		583,59					
101.68%		593,38					
105.33%		625,02					
100.74%		629,65					
98.36%	720,78	619,34		576,63	912,24		61,40
102.92%		637,42					
101.42%		646,47					

라오어가 직접 실행한 VR 전략을 통한 장투 백테스트 예

를 매도해 Pool에 적립하는 것이다.

Pool의 규모는 평가금의 50% 수준으로 비중을 유지하면 된다. 만약 평가금이 최댓값보다 높아 매도를 하려는데 매도를 했을 때 Pool의 규모가 평가금의 50%를 넘어서게 된다면, 50%를 넘어서지 않는 수준만큼만 매도하면 된다.

예를 들어서 V값 범위가 960~1,500이라고 하자. 어제 평가금이 1,560만 원이라서 60만 원을 매도해서 Pool로 보냈다. 이제 Pool은 750만 원이 되었고, 평가금은 1,500만 원이다. 그런데 오늘 또다시 주가가 상승하여 평가금이 1,590만 원이 되었다. 원래라면 최댓값을 넘어서는 90만 원치를 매도해야 하지만 그럴 경우 평가금이 Pool이 840만 원으로 평가금의 50% 수준을 넘어서게 된다. Pool 수준을 유지하기 위해 30만 원만 매도해 1,560만 원/780만 원으로 Pool을 유지하면 된다. 정확하게 50%를 맞출 필요는 없고 그 정도 수준으로 유지한다고 보면 된다.

4단계. 추매를 해야 하는데 Pool이 제로일 때

V값이 많이 떨어져 추가 매수를 해야 하는데 Pool이 부족할 때가 있다. 이럴 땐 일단 추매하지 않고 남은 2주를 보낸다. 그 사이에 주가는 계속해서 상승과 하락을 반복할 것이다.

5단계. 매도를 해야 하는데 POOL이 이미 평가금의 50%로 꽉 찼을때

현재 평가금이 최댓값을 계속해서 초과하여 매도를 지속하고 있는 상황이다. 계속된 상승이나 급격한 상승으로 Pool이 평가금의 50%를 꽉 채운 상황이라, 매도를 하면 비율이 깨진다고 하자. 이럴 땐 어떻게 해야 할까? 앞서 4단계와 마찬가지로 마지막 날 금요일의 평가금을 X라고 하자.

① 다음 V값의 최댓값보다 X가 작다 → 그냥 다음 사이클로 넘어간다

② 다음 V값의 최댓값보다 X가 크다 → X를 1.2로 나눈 값을 그 다음 V값으로 재설정한다.

예를 들어서 다음 V의 최댓값이 1,200만 원이고, Pool이 평가금의 50%까지 꽉 찬 상황에서, 평가금인 X가 1,400으로 마감하였다. 이 경우 다음 V값을 [1,400/1.2=1,200]으로 재설정한다. 원래 V의 추세보다 상향됨을 의미한다.

미리 말하지만 백테스트는 미래를 보장하지 않는다. 그러나 주식에 발을 담그고 있단 것이 중요하다. 평가금이 2배 정도로 증가하는 대세 상승장이 있는데 이 기간을 놓치면 목표 금액을 달성하기 위해 필요한 시간이 훨씬 길어지게 된다. 세금이나 환율, 기타 요소를 고려하지 않았지만 매달 50만 원을 투자해 10년 만에 10억 만들기가 꿈이 아니란 걸

알 수 있다.

그냥 적립식 장투와 VR 투자의 결정적 차이는 하락장에 대한 대비다. VR 투자의 장점은 하락장에 훨씬 잘 대비할 수 있다는 점이다. 이 책에서 VR 전략까지 상세하게 모두 소개하기엔 제약이 있다. 최대한 쉽고 간략하게 설명했지만 이해하기 어렵다고 느끼는 독자도 있을 것이다.

필자는 무한매수법을 적극적으로 실천하는 걸 추천하는데 여유가 된다면 장투도 함께 병행하는 것을 추천한다. 필자는 앞서 '장투보다 단타가 낫지만 그럼에도 장투를 해야 하는 이유'를 설명한 바 있다. 만약 '밸류 리밸런싱' 전략에 대해 좀 더 공부하고 싶은 독자가 있다면 필자가 운영하는 네이버 카페를 찾아보면 필자를 비롯해 많은 사람들이 정리한 자료들을 살펴볼 수 있을 것이다.

이런 방식으로 2011년부터 2020년까지 10년 동안 TQQQ를 VR투자를 했다고 했을 때의 결과값은 다음과 같다.

백테스트 편의성을 위해 개수를 자연수가 아닌 소수점 단위로 계산했지만 500만 원으로 시작한 돈이 무려 13억 2,970만 원으로 불어난 것을 확인할 수 있다.

날짜	Value	평가금	Pool	합산
11.01.03	500	500	0	500
12.01.03	1,248	1,093	25	1,118
14.01.02	4,862	5,481	510	5,991
16.01.04	13,385	10,983	0	10,983
18.01.02	21,693	26,080	6,017	32,097
20.01.02	41,751	52,803	10,743	63,546
21.01.04	56,236	88,647	44,323	132,970

2011~2020년 TQQQ VR 투자 백테스트 결과

쉬어가기

섀넌의 도깨비

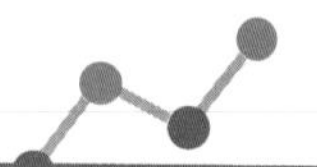

리밸런싱의 중요성을 알려주는 이론 중 하나로 섀넌의 도깨비 이론(Shannon's Demon Theory)을 소개드린다. 만약 어떤 주식의 주가가 매일 '100원-200원-100원-200원'을 진동하면서 반복한다고 가정하자. 1만 원을 투자한다고 치면, 매일 평가금이 1만 원과 2만 원을 왔다갔다 하는 것이다.

만약 주식 50%, 현금 50% 비중으로 매일 리밸런싱을 시행한다면 어떻게 될까?

원금을 전액투자했다면 같은 자리에서 진동을 반복하게 되는 것에 반해, 리밸런싱을 하게 되면 전체 평가금이 계속 상승하게 된다는 것을 알 수 있다.

또한 전액투자에 비해서 MDD도 절반으로 줄어드는 효과도 있기 때문에, 심리적으로도 더 안정감 있게 투자를 이어갈 수 있다.

이렇듯 섀넌의 도깨비 이론은, 리밸런싱의 중요성을 설명할 수 있는 수학적인 근거가 된다.

	주식	현금	합계
시작	5,000	5,000	-
1일차	10,000	5,000	-
리밸런싱	7,500	7,500	15,000
2일차	3,750	7,500	-
리밸런싱	5,625	5,625	11,250
3일차	11,250	5,625	-
리밸런싱	8,438	8,438	16,875
4일차	4,291	8,438	-
리밸런싱	6,328	6,328	12,656
5일차	12,656	6,328	-
리밸런싱	9,492	9,492	18,984
6일차	4,746	9,492	-
리밸런싱	7,119	7,119	14,238

리밸런싱 투자의 예

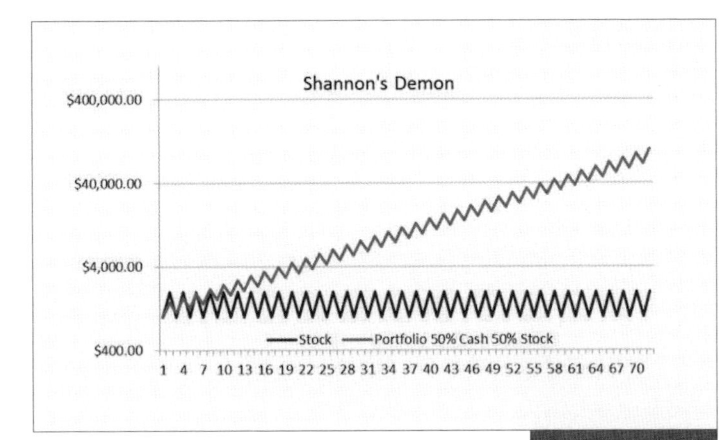

섀넌의 도깨비 원리

CHAPTER

05

라오어가 온몸으로 실패하며 배운 깨달음

01 주가는 언제든 내 능력을 벗어날 수 있다

현재 필자는 주식으로만 한 달에 2,000만 원가량의 수익을 얻고 있다. 그러나 처음부터 그랬던 것은 아니다. 10년 넘게 다양한 투자를 해오며 많은 실패를 겪었다. 5부에서는 필자가 오늘에 이르기까지 체험하며 배운 투자에 대한 깨달음을 말하고자 한다. 혹시나 모를 초보 투자자 독자들이 필자와 같은 실패를 겪지 않길 바라는 마음이다. 조금이나마 주린이들에게 도움이 되었으면 한다.

필자는 20대 후반이던 2007년 말~2008년을 아직도 잊지 못한다. 주식을 해본 사람이라면, 누구나 하나쯤 가지고 있을 트라우마. 필자는 2008년이 그 트라우마에 해당된다.

2008년 얘기를 하기 전에 더 과거로 돌아가보겠다. 필자의 아버지는 1980년대 말 주식으로 2,000만 원을 잃은 적이 있으셨다. 당시 부산에 살고 있던 우리에게는 집 반 채 값에 해당하는 아주 큰돈이었다. 아버지는 그 일로 스트레스를 많이 받으셨고, 그 이후로 주식투자는 절대 하지 말 것을 아들인 나에게 교육하셨다. 때문에 나에게 있어 주식은 우리 가족을 힘들게 만든 악마 같은 존재였고, **사람이란 모름지기 노동소득을 '저금'해서 돈을 모아야 '옳다'는 선입견**이 있었다. 나는 먼 미래에 아버지가 주식에 들어간 시점이 1989년 코스피 고점이었다는 것을 알게 되었다.

그렇게 주식을 악마로 알고 자랐다. 2000년 초 닷컴열풍은, 막 성인이 된 내가 대학생활에 적응하기에도 벅찬 20대 초반의 시간이었기 때문에 잘 알지 못하고 지나갔다. 하지만 2007년은 개인적으로 정말 특수한 현상을 느낄 수 있었던 해였다. 여기저기서 주식열풍이 불기 시작했고, 단기간에 돈을 버는 사람들이 진짜 가까운 지인에게서 생기기 시작했다. 당시 코스피는 대세상승 중이었고, 2007년 7월 말에는 역사상 처음으로 코스피지수가 2,000을 넘겼다는 소식이 뉴스에 도배되기 시작했다. 주식은 대세가 되었으며, 주식을 하지 않으면 바보라는 소리가 들리기 시작했다

대표적인 'FOMO'의 기분이었다. FOMO는 'Fear Of Missing Out'의 약자로, 모두가 돈을 벌 때, 나 자신만 제외된다는 것에 대한 우려에 빗대어 부동산이나 주식에서 자주 쓰는 용어다. 모두가 돈을 쉽게 버는데, 나만 뒤처지는 느낌이었다. 당시 처음 입학했던 학교를 그만두고 두 번째

대학을 다니면서 학원강사 알바와 과외비로 근근이 생활비와 등록금을 마련하며 지내던 필자는 인생 처음으로 주식계좌를 개설했다.

그때 가입한 것이 그 유명한 미래에셋 차이나솔로몬 펀드, 일명 '미차솔'과 개별주 삼성전자, 현대중공업, 기아차였다. 펀드도 나름 선취수수료, 후취수수수료를 공부하고 분석하며 선택했으며, 개별주 또한 첫 주식투자였지만 신중하게 선택했다고 생각했다. 투자 성과도 나름 나쁘지 않았던 것으로 기억한다.

그러던 중 서브프라임 모기지론 사태가 심상치 않다는 소문이 돌기 시작했다. 당시에 필자는 경제적인 지식이 너무 얕았기 때문에, 미국에서 벌어지는 일인데 한국주식과 무슨 상관이냐는 생각을 가지고 있었다. 그리고 미국 같은 '훌륭한(?)' 나라가 그렇게 대출을 쉽게 해줬다는 사실을 믿지도 않았다. 단순히 누가 퍼트리는 악소문이라고 치부하고, 2008년 들어 하락장이 왔음에도 계속 주식투자를 이어가고 있었다. 그리고 리먼 브라더스 회사가 파산하게 된다.

역사적인 대규모 공황, 코스피 2000에서 코스피 800으로

나중에 안 사실이지만 리먼 사태는 당시 기네스북에 오를 정도로 세계 역사상 가장 큰 규모의 파산이었다. 서브프라임 모기지론 사태가 간단하게 지나갈 수 없는 사건이었음을 알리는 신호탄이었고, 그 이후로

전 세계 금융시장은 급격히 얼어붙기 시작했다

우량주 투자도, 적립식 투자도 아무 소용이 없었다. 무조건 안전하다고 생각했던 모든 투자법이 붕괴되는 시기였다. 주식투자 입문 후 승승장구하며, 이것이 나의 실력이라고 자부하던 모든 자만감이 붕괴되었다. 그렇게 2008년 말까지 내내 밑 빠진 독에 물을 계속 부으며 투자를 이어갔고, 코스피는 800대에 돌입하게 된다.

2007년 말에 코스피 2,000을 넘겼다며 축제 분위기였던 주식시장에 코스피 800의 시간이 왔다. 필자는 당시에 완전히 현실도피를 하고 있었던 것 같다. 1년을 적립식으로 투자해도 이렇게까지 마이너스가 된다는 사실이 믿기지 않았다. 특히 거대기업이었던 현대중공업의 몰락은 너무나 충격이었다.

결국 2008년 12월 말에 모든 것을 포기하기에 이른다. 아무 생각도 계산도 하고 싶지 않았다. 가지고 있던 주식을 모두 매도주문을 걸고 증권사를 탈퇴했다. 처음 100만 원으로 시작했던 주식계좌는 2008년 말에 원금 2,000만 원에 손실 1,000만원이었다. 알바와 과외로 죽도록 모은 돈을 투자한 대학생 입장에서 너무나 큰 손실이었다.

1,000만 원을 잃었다는 자책감에 하루하루 가슴을 치며 살았던 기억이 난다. 당시에 형편이 넉넉지 않아 대학교를 다니면서 돈을 버는 데에 거의 모든 체력을 쏟던 상황이었다. 그런 와중에 1,000만 원의 손실은 정신적인 충격이었다. 결론적으로 1,000만 원 손실을 확정지었다는 것도 힘들었지만, 사실상 1년 내내 주식창에서 눈을 떼지 못하며 살았다는 것

또한 후회되었다. 그냥 내 인생 1년이 날아간 것이나 다름없었다.

그렇게 리먼브라더스 사태를 통해 나는 첫 번째 깨달음을 얻었다. 바로 **'주가는 언제든 내 능력을 벗어날 수 있다'**라는 것이다. 당시 세계에서 내로라하는 기업들도 수도 없이 파산했다. 그들이 나보다 경제에 대해 더 잘 알면 알았지 모르진 않았을 것이다. 2020년에 코로나 팬데믹이 세계를 덮칠 거라고 예상한 사람들이 얼마나 있었을까?

02 투자의 핵심은 코스트에버리징이다

그렇게 주식에서 눈을 닫고 귀를 닫고 10년 가까이를 지내다가, 다시 본격적으로 투자에 관심을 가지기 시작한 것은 코인 열풍이 강타했던 2017년 즈음이었다.

당시에 다행히도 필자는 코인투자를 주변보다 조금 일찍 시작한 편이었고, 탈중앙화 암호화폐라는 것에 큰 매력을 느끼고 있었다. 비트코인의 채굴량이 한정적이며, 금처럼 희소성을 가진 대체화폐의 역할을 할 수 있을 것이라는 생각이 들었다.

이제는 학생이 아니었기에 더 큰 자금을 굴릴 수 있었고, 2018년 초에는 수억 원의 수익권이 있었다. 리먼브라더스에 대한 트라우마도 극복

했다고 생각했다. 코인을 재테크 주력으로 삼고 하루하루 보유액이 올라가는 코인 계좌를 보면서, 이러다 정말 단기간에 은퇴를 할 수 있지 않을까, 하는 희망에 부풀었었다.

당시 코인은 '김치프리미엄'이라고 불리는 이론적으로 설명할 수 없는 프리미엄이 붙어 있었다. 예를 들면 미국에서는 비트코인이 개당 2,000만 원인데, 한국에서는 개당 3,000만 원에 달하는 상황이었다. 어딘가 이상했지만 그럼에도 온갖 희망회로를 돌리면서 김치프리미엄은 쉽게 꺼지지 않는다고 생각하고 있었고, 그러다가 2018년 1월 6일에 한 방송국의 시사프로에 비트코인 편이 방송되면서 열풍은 절정을 찍었다.

하지만 당시 법무부장관은 1월 11일에 기자회견을 열어 "가상화폐를

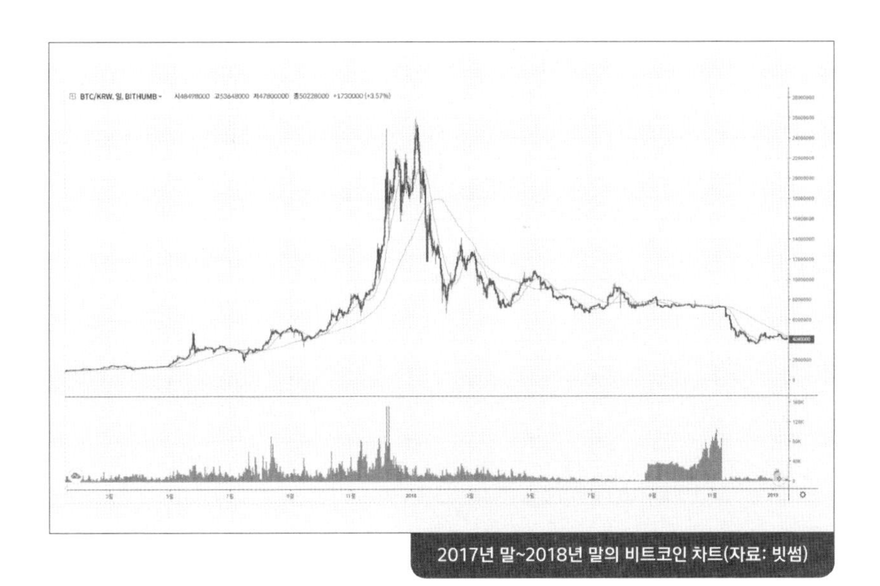

2017년 말~2018년 말의 비트코인 차트(자료: 빗썸)

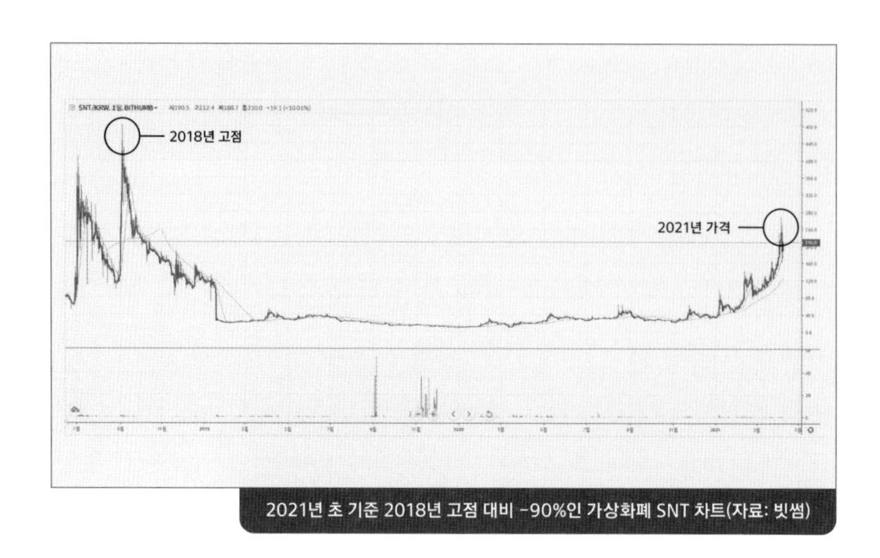

2021년 초 기준 2018년 고점 대비 -90%인 가상화폐 SNT 차트(자료: 빗썸)

화폐로 인정하지 않으며, 거래소 폐쇄를 목표로 하고 있다"는 인터뷰를 하게 된다. 당시로서는 왜 경제부장관이 아닌 법무부장관이 저런 내용의 인터뷰를 하는지 이해할 수 없었다.

그 이후로 비트코인 열풍은 급격하게 내려앉게 된다. 심지어 50% 이상의 김치프리미엄을 가지고 있던 한국 코인거래소의 비트코인은 더 큰 하락을 맞이하게 되었다. 미국에서 비트코인이 2,000만 원에서 1,000만 원으로 내려가면, 한국은 3,000만 원에서 1,000만 원으로 내려가야 하는 상황이었다. 알트코인의 피해는 더 컸다. 당시 비트코인 열풍의 주역이 한국이었음을 알려주는 사건이었다.

그렇게 주변에서 코인으로 손해를 보는 사람이 늘어났고, 일찍 시작해서 평단이 낮았던 필자조차 2018년 2월에는 그 큰 수익을 다 깎아먹고 계좌가 본전에서 마이너스로 전환하게 된다. 그럼에도 불구하고 비트코인에 대한 미련을 쉽게 떠나보내지 못했고, 나중에는 손해가 1억 원 이상으로 넘어가는 상황까지 벌어지게 된다.

리먼브라더스에서 배운 교훈을 잊고 비트코인 열풍에서도 또 손해를 입었다는 자괴감은 나를 계속 괴롭혔다. 게다가 24시간 돌아가는 암호화폐 시장은 밤잠을 제대로 못 자게 만들었고, 이러다 건강을 해치지 않을까, 하는 생각도 들었다.

매일 차트를 쳐다보면서 차트분석을 하는 것이 일이었다. 덕분에 차트분석 실력은 많이 늘었다. 하지만 차트분석은 결국 '후향성분석'에 불과했고, 차트분석으로 수익을 얻는다는 것에 한계를 느끼게 되었다. 그리고 전업투자자가 아닌 상황에서 계속 차트를 보면서 매수지점, 매도지점을 분석한다는 것에 굉장한 피로감을 느꼈다.

무한매수법의 시초를 발견하다

2018년 4월이었을 것이다. 그날도 그냥 하루하루 코인에 가슴 아파하던 평범한 하루였다. 내가 투자했던 ADA라는 코인이 끝없이 하락하다가, 소폭 상승세가 있었다. 그래 봤자 고점 1,995원이었던 것과 대비하면, 땅굴을 파다가 겨우 400원을 넘긴 시점이었다. 내 계좌에 들어 있는 ADA의 수익률은 엉망이었다.

ADA 이평선 차트를 보다가 혼잣말로 되뇌었다.

"그냥 전고점에서 120일 동안 매수했으면 수익권이었네?"

그 말을 내뱉는 순간에 머리에 망치를 맞는 기분이 들었다. 이미 긴 시간 코인 손해로 심신이 지쳐 있던 상태에서 가슴에 불이 타올랐다. 예전에 스치듯이 듣고 관심 없이 지나갔던 단어… 바로 코스트에버리징이라는 개념을 본격적으로 공부하게 된 시초가 된다. '코스트에버리징'이라는 두 번째 깨달음을 얻은 것이다.

여러 코인의 백테스트를 통해, 코인은 변동성이 심해 급하락 시 코스트에버리징으로 평단가를 많이 낮추다가, 급상승 시 수익을 얻기에 유리한 차트라는 것을 발견하게 되었다. 당시 코인으로 무한매수법을 하던 전략을 간략하게 소개해보겠다.

① 원금을 200분할하여 하루 매수액을 정한다.

② 하루에 한 번 매수시간을 정한다. (ex. 오전 8시)

③ 그 시각만 평단가보다 코인가격이 높은지 낮은지를 확인한다. 내 평단가보다 가격이 낮으면 하루치를 매수하고, 높은 경우는 매수하지 않는다.

④ 매수하자마자 현재 나의 평단가 대비 +10% 수익점에 미리 전액을 지정가 매도로 걸어놓는다. 24시간 동안 매도가 이루어지지 않으면, 정해둔 시간에 다시 매수 후 다시 매도점을 재설정한다.

⑤ '첫매수' 또는 '전액매도 후 재매수'는 매도 이후에 돌아오는 매수시간에 200분할치 하루매수액으로 매수해서 무한매수법을 시작한다.

⑥ 개인적으로 평단가 대비 +10% 지점을 버튼 하나로 지정할 수 있는 업비트

가 무한매수법을 하기에 편했다.

이 방법을 적용하여 변동성이 심한 코인판에서 하락장에서도 지속적인 수익을 얻기에 이른다. 코인은 엄청난 변동성으로 한 번씩 특별한 이유 없이 크게 튀어 오르곤 했다. 그때마다 장기간 매수했던 코인들이 미리 설정했던 매도점에서 매도되었다. 이 방법으로 오랜 기간 코인으로도 작지만 지속적으로 수익을 낼 수 있게 되었다. 그러나 결국 필자는 암호화폐 매매를 그만두게 된다. 그 이유는 다음 장에서 계속 이야기하도록 하겠다.

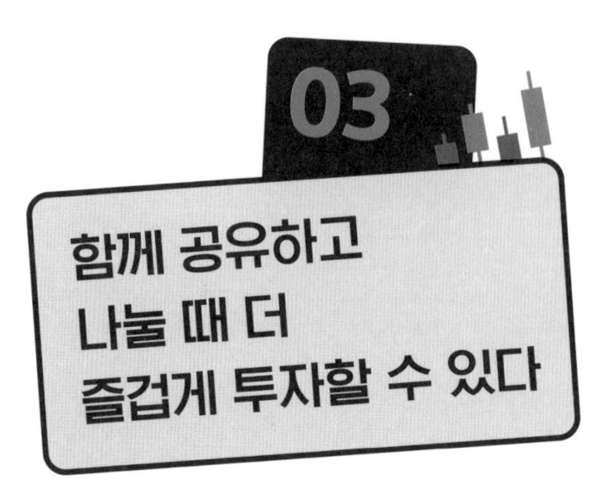

03 함께 공유하고 나눌 때 더 즐겁게 투자할 수 있다

코인으로 수익을 얻던 당시를 되새겨보자면, 코인은 지속적인 하락 성향을 띄고 있었기 때문에 아무리 무한매수법이라고 해도 스트레스가 없는 것은 아니었다. 때로는 200분할 중 절반 이상이 매수되는, 매우 긴 기간 매수를 이어가면서도 '이게 정말 나중에 매도되긴 하는 걸까' 하는 의심이 끊임없이 들었다. 결론은 필자는 코인이 우상향한다는 확신이 없었다. 장기간 코인투자를 계속하면서 오히려 코인에 대한 믿음은 점점 떨어지고 있었다.

그러다가 2020년 3월 12일에 비트코인이 950만 원에서 550만 원까지 하루에 -42%가 하락하는 사건이 벌어진다. 당시 공포심은 굉장했으며,

가뜩이나 실체가 없는 암호화폐이기 때문에 이대로 그냥 존재 자체가 사라질 수도 있다는 분위기가 팽배했다. 알트코인 또한 피해가 엄청났다.

만약 암호화폐에 한 번도 투자해보지 않은 사람이라면, 앞으로도 하지 말 것을 권한다. 24시간 운영되는 암호화폐 거래시장은 너무 큰 피로감을 준다. 당신은 오랜 기간 동안 잠을 푹 자지 못해 건강이 상하게 되고, 가족 또는 친구와 멀어지게 된다. 공부나 업무에 집중할 수 없다. 결정적으로 암호화폐는 실체가 없기 때문에 가치를 평가하는 방식을 신뢰하기가 어렵다. 말 그대로 변동성에만 기대 수익을 노리는 것이다. 필자 역시 현재 암호화폐를 보유하고 있지 않다.

우리가 뭔가에 투자를 하는 이유는 경제적인 여유를 가지고 행복을 추구하기 위해서라고 생각한다. 하지만 암호화폐 투자 자체로 삶에서 많은 부분이 침해당하기 때문에, 장기적으로 득보다 실이 더 많다고 생각한다.

그때쯤이었다. 코인을 이제 놓아주어야 한다고 생각하게 되었다. 기업의 매출? 경제순환? 금리? 그 어떤 기준으로 코인의 미래를 예측해야 할지 혼란에 빠지는 시기였다. 그러면서 증권사에서 미국주식 계좌를 비대면으로 쉽게 개설할 수 있으며, 각종 이벤트가 있다는 것을 접하게 된다.

'미국주식은 상하한 제한이 없다던데… 무한매수법을 적용할 수 있을까?'

이것이 내가 미국주식을 처음 시작한 이유였다.

3배 레버리지 ETF를 발견하다

한국주식은 하루 상하한 제한이 있지만, 미국주식이 하루 상하한 제한이 없다는 것은 이미 알고 있었다. 그렇다고 해도 종목이 너무 많은 데다가 코인에 비해 변동성이 작아, 어떤 주식으로 무한매수법을 해야 할 지 고르기가 힘들었다.

그렇게 변동성이 높은 종목을 찾던 와중에 ETF라는 상품이 눈에 들어왔고 그 ETF 중에서도 3배 레버리지가 있다는 것을 알게 된다. 미국주식은 코인에 비해 우상향 성향이 있어 보였으며, 무엇보다 기업이라는 실체가 있었기 때문에 훨씬 마음 편하게 투자를 할 수 있었다. 오랜 백테스트 끝에 무한매수법을 지속하기에 '3배 레버리지 ETF'가 가장 적합하다는 결론에 이르렀다. ETF 자체가 분산투자 효과가 있어서 어떤 한 기업의 흥망성쇄가 크게 중요하지 않았고, ETF의 변동성이 약하다는 아쉬움은 3배 레버리지를 선택함으로써 해결할 수 있었다.

다만 24시간 열려있는 코인장과 다르게 주식장은 개장과 폐장이 있었기 때문에, 코인에서 하던 무한매수법 방식과 다른 방식을 고민해야 했다. 여러 아이디어와 수치로 백테스트를 했으며, 'Simple is the best'를 모토로 삼아 지금의 무한매수법이 탄생하였다.

그리고 무한매수법으로 수익을 냈다는 인증을 미주미 카페에 조금씩 적어보기 시작했다. 당시 미국주식이 대세상승장이었기 때문에 분할매수로 안정적인 수익을 도모한다는 내용은 사람들에게 관심을 끌지 못했다. 분할매수보다 거치식으로 한 번에 매수하고 '존버'하는 편이 수익이 컸기 때문이다.

사람들이 처음으로 관심을 가지기 시작한 것은 2020년 10월로 기억한다. 2020년 7월, 8월의 대세 상승장을 지나 미국주식장은 9월에 큰 하락을 맞이했다. 아직 미국의 실물경제가 좋지 못하다는 전망과 함께 코로나 백신개발이 지지부진하다는 뉴스가 있었다. 덩달아 유명한 투자자가 대규모 콜옵션을 행사하며 그동안의 나스닥 상승을 이끌었다는 예측 기사가 나오기 시작했다. 즉, 그동안의 대세상승은 건강한 상승이 아니었다는 분석들이 나왔다.

9월에 진입하면서 나스닥지수는 하루에 -3% 이상 하락하는 큰 하락장을 9월 3일, 9월 8일, 9월 23일 이렇게 한 달에 무려 세 번이나 맞이하였다. 코로나 사태 이후로 가장 큰 조정이었으며, 다시 대세하락장에 돌입할 것이라는 부정적인 기사들이 쏟아져 나왔다. 많은 사람들이 남아있는 현금이 없어 하락을 정통으로 맞이했고, 심적으로 힘들다는 글들이 매일 수백 개씩 보였다. 주식을 전부 팔고 주식을 이제 포기하겠다는 사람들도 있었다.

하지만 당시 필자는 무한매수법을 묵묵히 진행하면서 매일 분할매수를 하고 있었다. 자세한 매수일기는 앞서 2부에서 2020년 9월 FNGU를 바탕으로 실제 무한매수법을 실천하는 사례를 소개했던 내용과 거의 흡사하다. 다시 전고점을 회복하지도 않았는데, 무한매수법으로 지속적으로 수익을 내고 있었다. 카페 회원분들이 반응하기 시작한 것은 그때부터였다.

그리고 나서 10월에 또 한 번의 조정장이 있었고, 11월에 다시 수익 인증을 시작하면서 예전보다 더 많은 사람들이 호응해주기 시작했다. 아무 대가없이 필자의 경험을 공유하는 것에 사람들이 호감을 가져주기 시작했고, 심지어는 카톡방이나 메일이나 쪽지를 통해 기프티콘을 선물하는 사람들도 있었다. 그리고 필자의 방법에 대해 많은 분들이 토론을 이어가고, 더 나은 방향에 대해서 같이 고민하게 되었다. 재미있고 신기한 선순환이었다. **경험을 나누고 서로서로 긍정적인 미래를 위해 협력해가는 것, 필자는 주식으로 얻은 수익 중 일부를 꾸준하게 기부하고 있는데 조금이나마 나의 수익을 긍정적으로 사회에 되돌리는 것. 그것이 진짜 투자의 즐거움이라는 사실을 깨닫게 되었다.**

슬프게도 필자는 이제 청년이라 불리는 나이는 아니다. 드라마 〈슬기로운 의사생활〉이나 '응답하라 시리즈'에 나오는 세대에 해당하지만, 그 배우들만큼 삶이 드라마틱하고 재미있지 않다. 속칭 '꼰대'라고 불리는 세대가 되었다.

필자보다 고수인 분들이 너무너무 많지만, 필자가 주식하는 태도에 대해서 몇 가지만 말씀드리고자 한다. 앞서 설명드렸던 수학적인 방법론이 아니라, 주식을 어떻게 대해야 하는지에 대한 기본적인 마인드에 해당한다.

하나, 주식에 많은 시간을 쏟지 않는다

무한매수법을 고민하게 된 시발점에 해당한다. 누구나 그렇듯이 필자도 본업으로 바쁘고 체력적으로 힘이 드는 상황이다. 여기서 더 시간을 내서 기업분석을 하고 시황분석을 할 시간을 내기 어렵다고 스스로 냉정하게 판단했다. 핑곗거리일 수도 있지만 전업투자자가 아닌 일반인이 이 힘든 주식장에서 수익을 낼 수 있는 방법은 분할매수밖에 없다고 생각했다. 그래서 분할매수로 조금 더 규칙적이고 만족할 만한 수익을 낼 수 있는 방법을 계속 고민하게 되었다

둘, 짧은 시간에 큰돈을 벌려고 하지 않는다

워런 버핏의 격언 중 "주식시장은 인내심이 없는 사람의 돈을 인내심이 있는 사람에게 이동시키는 도구이다"라는 말이 있다. 분할매수는 저점 거치식매수에 비해 수익률이 떨어지고, 긴 인내심이 필요하다. 하지만 분할매수를 습관화하게 되면, 당신은 오랜 기간 천천히 지속적인 수익을 얻을 수 있다.

당신이 만약 주식을 도박이라고 생각한다면, 주식을 정말 도박처럼 하기 때문이다. 급등주에 한 번에 전 재산을 올인해서, 언제 매도할지 기준도 없이 상승만을 기도하는 방식은 실패로 이어질 가능성이 높다.

셋, 잠을 잘 자야 한다

한국 시간으로 밤에서 새벽 사이에 장이 열리는 미국주식시장은 누군가에게는 장점이자 또 누군가에게는 단점으로 작용한다. 필자가 무한매수법을 규칙화한 이유는 실시간 매매 또는 차트분석을 하지 않기 위함이었다. 한때는 차트분석에 빠져 온갖 수치들을 공부하고 분석한 시기가 있었다. 하지만 후행적 지표로 미래를 예측하는 것은 한계가 있었고, 그런 온갖 수치들이 필요한 이유는 또한 그 수치들 중 잘 맞는 것이 하나도 없기 때문이라는 생각이 들었다. 특히나 전업투자자가 아닌 입장에서 본업을 하는 와중에 차트분석까지 신경 쓰는 것은 체력적으로 너무 힘들었다. 그래서 간단한 매매규칙을 만들고 싶었고, 밤에 잠을 잘 자기 위해서 스스로 '기계가 되는 습관'을 들이게 되었다. 처음부터 기계적으로 무한매수법을 하기는 쉽지 않다. 하지만 습관의 힘은 무섭다. 한 달, 두 달 진행하다 보면 어느덧 마음은 무뎌지고, 밤에 잠을 잘 자게 될 것이다.

나는 인생을 레버리지하고 있는가?

투자로 돈을 벌려는 궁극적인 목적은 내 삶을 행복하게 하려고 하는 것이다. 그런데 주식투자 때문에 밤에 잠을 설치고, 하루 종일 차트를 보고 있고, 가족들과 함께할 시간을 뺏기고, 본업에 소홀하게 되면 과연 제대로 된 투자일까? 필자는 쪽지나 댓글을 통해서 이런 질문을 많이 받곤

한다

"무한매수법을 하고 싶은데 대학생이라 돈이 없어서 답답해요. 대출이라도 받고 싶은데 고정수입이 없으니 알바만으로는 대출을 못받아요. 방법이 없을까요?"

똑같은 수익률이라고 해도 1억 원 대비 10% 수익과 100만 원 대비 10% 수익은 큰 차이가 있다. 따라서 자본금이 적은 사람이 큰 수익을 얻기 위해 선택할 수 있는 방법은 두 가지가 있다.

① 10%가 아니라 1,000% 수익을 노린다.

② 자본금을 더 모은다.

여기서 1번을 선택한다면 당신은 주식을 도박처럼 하는 것이고, 조만간 큰 상처를 받고 주식시장에서 떠나게 될 것이다.

여기서 2번을 선택한다면, 다시 방법이 갈린다.

① 대출을 받아 자본금을 마련한다

② 공부를(=운동을, 실기연습을, 창업준비를) 더 열심히 해서 자본금을 모을 수 있는 미래를 만들어간다.

하지만 대학생의 경우 안타깝게도 1번은 불가능에 가깝다. 대출을 받을 수 있다고 해도 고금리일 가능성이 높고, 이 방법 역시 주식투자가 실패로 돌아갈 확률이 높다. 이런 분들에게 드릴 수 있는 조언은 이것밖에 없다.

"당신은 지금 인생을 레버리지해야 할 시기이며, 젊을 때는 본인이 일을 해서 돈을 모으는 것이 가장 가성비가 높다"라고 말이다.

남들이 게임할 때 같이 게임하고, 남들이 욜로할 때 같이 욜로하고, 남들이 푹 잘 때 같이 푹 자고… 이런 인생을 두고 인생을 레버리지했다고 말할 수 없을 것이다.

주식투자자들 중에서도 큰돈을 굴리면서 주식투자를 하시는 분들이 종종 있다. 돈이 하늘에서 떨어졌거나, 부모로부터 좋은 수저를 받고 자랐다고 생각한다면 큰 오산이다. 십중팔구 당신이 생각하는 것보다 훨씬 힘든 인생을 살아왔을 확률이 높다. 인생을 2배, 3배 레버리지하면서 말이다. 하지만 그 사람들을 부러워할 필요 없다. 당신은 아직 젊고, 미래에 충분히 원하는 바를 이룰 수 있기 때문이다.

쉬어가기

나스닥 시련의 역사

닷컴버블 및 붕괴

1990년대 말은 인터넷 관련 분야가 발전하면서, IT 기업에 대한 평가가 과하게 올라가는 시기였다. 기업의 실질적인 매출이 따라가지 못했으나, 미래에 대한 기대감만으로도 IT 기업의 주식이 급등하는 사례가 자주 발생하게 되었다.

하지만 인터넷 속도 등 기술발전이 그 기대치를 따라가지 못하면서 버블이 붕괴되기 시작했고, 인기 있던 닷컴기업들이 줄줄이 도산하기에 이른다.

당시 닷컴붕괴에서 살아남은 애플, 구글, 아마존, 넷플릭스 등은 현재 세계를 대표하는 기업이 되었지만, 20년이나 선반영이 되어버린 닷컴버블의 규모는 제어하기 힘든 상황이었다.

닷컴버블의 붕괴로 미국은 장기침체에 빠져들었고, 추후 소개할 2008년 서브프라임 모기지론 사태가 터지기 전에도 나스닥 포인트는 전고점을 회복하지 못한다.

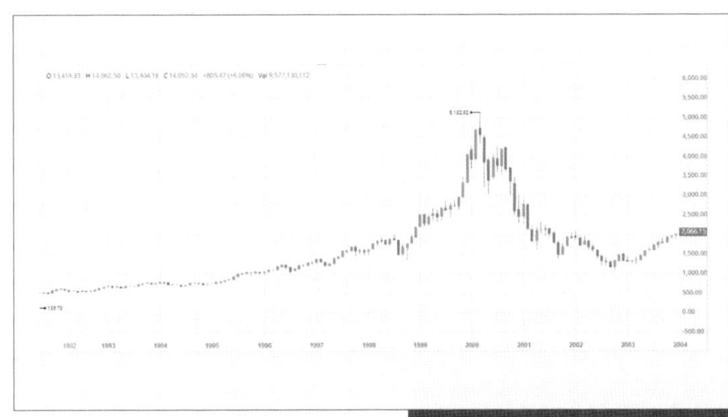

닷컴버블 및 붕괴 시기의 나스닥 차트

서브프라임 모기지론 사태

2008년에 있었던 서브프라임 모기지론 사태 및 리먼브라더스 회사의 파산은 미국 역사적으로도 큰 의미를 가지는 금융위기에 해당한다.

당시 미연준에서는 닷컴붕괴로 인한 경기침체를 해결하기 위해 금리를 계속 낮추고 있었고, 그로 인해 유동성이 증가하면서 미국의 부동산 가격이 상승하는 분위기였다. 덩달아 신용이 낮은 사람에게도 쉽게 대출을 해주는 금융기관들의 모럴해저드가 겹치면서 낮은 신용으로 무리한 대출을 받은 사람들이 이자 및 원금을 갚지 못하는 사례가 속출하게 되었다. 당시 어떤 분위기였냐면, 서브프라임 모기지론 사태를 그린 영화 〈빅쇼트〉에서 강아지 이름을 대고 대출을 받았다

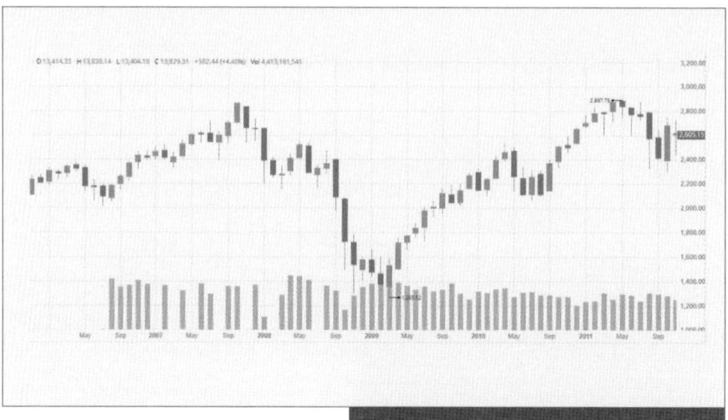

서브프라임 모기지론 사태 당시 나스닥 차트

는 내용이 나올 정도다.

결국은 리먼브라더스 같은 거대기업이 파산하기에 이른다. 당시 리먼브라더스의 파산은 미국역사상 파산액 1위에 해당하는 규모였다. 이 일로 전 세계적으로 경기침체가 장기간 이어지는 사태가 벌어졌으며, 이 사태 이전에 한국은 2007년 7월에 사상 처음으로 코스피 2,000을 넘겼으나, 리먼브라더스 파산 이후 장기간 하락으로 2008년 10월에 코스피가 1,000 미만으로 떨어지는 큰 하락을 경험했다.

나스닥지수 또한 사태 이전 2,861 포인트에서 1,265 포인트까지 하락하게 된다. 이 두 번의 큰 하락으로 나스닥지수는 2015년 6월이 되어서야 닷컴버블 시기의 전고점을 회복하기에 이른다. 무려 15년의 세월이 걸렸다.

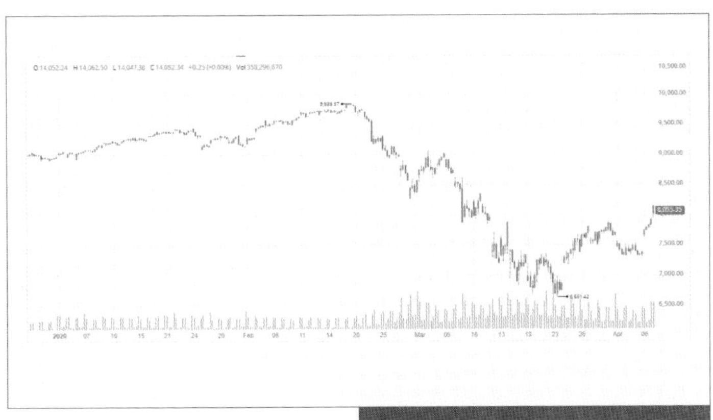

2020년 초 코로나 쇼크 당시 나스닥 차트

코로나 사태

2019년 말 중국 우한시에서 시작된 코로나 바이러스 감염은 2020년 초 전세계를 강타하기에 이른다. 초기만 해도 미국을 포함한 서방국가는 이 바이러스 감염을 대수롭지 않게 여겼고, 피해는 한국, 일본 등 중국과 밀접한 국가에서 국한되고 마무리될 것이라는 예측도 많았다.

하지만 뒤늦게 유럽, 미국 등지로 바이러스가 퍼지기 시작하면서, WHO(세계보건기구)는 팬데믹을 선언하게 되었고, 이는 WHO가 1948년에 설립된 이후 발표한 세 번째의 펜데믹 선언에 해당한다.

EPILOGUE

말은 씨가 되고 인생은 그 씨의 연결이다

무한매수법은 엄청난 수익률을 얻을 수 있는 매매법이다. 이렇게 엄청난 수익률을 얻을 수 있으면 혼자 몰래 하면 되지 왜 공개를 하는지 의심의 눈초리를 보낸 사람도 많았다. 실제 필자가 무한매수법에 대해 소개했을 때 '힘들게 고민하고 개발한 투자법을 왜 알려주느냐'고 말하는 사람들이 많았다.

필자는 20대 시절을 굉장히 힘들게 보냈다. 중고등학교에 다니던 시절에는 그 정도까지는 아니었고, 나름 국영수 학원도 다니면서 평범하게 지냈다고 생각한다. 돈에 대한 개념이 제대로 잡힌 시기도 아니었고.

하지만 부모님이 이혼하시고, 어머니와 단둘이 지내면서 경제적으로 어려움을 겪었고, 얼마 뒤 아버지가 암으로 돌아가시는 등 여러 가지 악재가 겹치면서 20대 때는 학교에 다니기 위해 등록금과 생활비를 벌어야 했다. 그래도 국립대에 다닐 때에는 등록금이 낮아 버틸 만했는데, 다시 수능을 보고 사립대에 갔을 때는 등록금이 너무 높아 아무리 과외를 하고 학원강사를 해도 등록금과 생활비를 모으기 힘들었다. 장수생으로서 수능준비도 어머니 몰래 했고, 수학과외와 병행했다.

20대 시절 주말은 과외를 '뺑뺑이' 돌면서 오전 10시에 집에서 출발해서 밤 10시에 돌아오곤 하는 생활의 연속이었다. 과외를 14년이나 하고 학교를 다니면서 학원강사를 했던 이유는, 경제적으로 그렇게 할 수밖에 없던 상황이었기 때문이다. 당시 내 자취방은 월세 15만 원 정도에 거미줄과 곰팡이가 가득한 방이었다. 그 당시 물가 기준으로도 정말 싼 방이었다. 그 방에서 6년을 살고 졸업할 때 즈음에, 주인 아주머니로부터 "너무 딱해 보여서 6년간 월세를 올려 받지 않았다"는 감동적인 말씀을 듣기도 했다. 방에 데려오기 창피해서 여친이든 친구든 누구도 6년간 방에 데려오지 않았다. 어머니가 방 상태를 보고 우실까봐, 어머니한테도 방에 찾아오시는 것도 6년간 극구 말렸다.

당시 나와 어머니에게는 경제적 어려움에서 탈출할 길이 보이지 않았다. 아주 잠깐이긴 했지만 나쁜 생각을 먹은 적도 있었다. 아무리 젊은 시절이라지만 다시는 그 때로 돌아가고 싶지 않다.

그럼에도 긍정적으로 생각하려 애쓰며 버텼던 것은 어머니의 가르침이 있었기 때문이다. 어머니로부터 받은 가르침은 "말이 씨가 된다"는 것이었으며, 이 교훈은 내 인생 전체를 관통하는 밑바탕이 되었다. 그리고 나는 여기에 “인생은 그 씨의 연결이다”라는 말을 덧붙였다.

말이 씨가 된다는 말은 아시다시피, 본인이 생각하는 대로 인생이 흘러간다는 뜻이다. 이별의 노래를 주로 부르는 가수는 이별을 더 많이 한다는 속설이 있다. 그래서 열악한 환경 속에서도 최대한 ‘나는 잘될 수 있다’고 되뇌이며 살았다. 어쩌면 그 되뇌임이 없었다면 나는 지금 다른 인생을 살고 있을지 모르겠다.

“인생은 그 씨의 연결이다”라는 것은, 씨를 뿌릴 때는 그 씨에서 솟아난 인생의 줄기들이 연결될 거라고 생각하지 못하지만 결국은 연결된다는 것을 의미한다. 예를 들어 필자는 학원강사를 오래했지만, 그것이 진료를 보는 데 도움이 될 것이라고 생각한 적이 없다. 그런데 실제로 학원강사 경력이 진료에 도움이 많이 된다. 환자에게 잘 알아듣게 설명하는 것 또한 진료의 큰 부분 중 하나니까 말이다.

필자가 무한매수법을 전파한 것은 커뮤니티에서 여러 번 언급했다시피 뭔가를 되돌려 받기 위해서가 아니다. 그저 옛날의 나처럼 우루루 몰릴 때 매수하고, 다들 ‘쎄하다’ 그럴 때 저점에서 팔고… 최소한 이런 뇌동매매보다는 무한매수법이 차라리 낫다, 라고 알려주려는 마음에서 출발한 것이다. 무한매수법은 절대진리가 아니며 절제와 계획이 잘 되는 고수분들은 무한매수법을 하실 필요가 전혀 없다.

뜻하지 않게 책을 집필하게 되었고 인생에서 뭔가를 남겼다는 것만으로도 내게 의미가 있다고 생각한다. 여기저기 의미를 모르고 씨앗을

뿌렸을 뿐인데, 그 씨앗들이 자라고 서로 얽혀서 하나의 덩굴이 되어가고 있다.

지금 열심히 살고 있는 당신도 마찬가지다. 누구든, 자신에게 자신의 인생이 가장 소중하다. 오늘 내가 뭔가를 노력한 것이, 나중에 의미 있는 연결점이 될 수 있다. 미래는 알 수 없지만 언젠가 반드시 그렇게 된다고 믿길 바란다. 오늘 하루가 힘들더라도 긍정적으로 하루를 보내고, 헛되지 않는 하루를 보내길 바란다. 그렇게 열심히 미래를 꿈꾸는 이들에게 이 책이 조금이나마 도움이 되었으면 한다.

특별 부록

우리 아이에게 경제적 자유 선물하기

2020년 주식시장이 호황을 겪으며 자녀용 주식계좌를 개설하는 것에 대해서도 관심이 많아졌다. 자녀에게 주식을 증여하는 경우 미성년자의 경우 10년 동안 2,000만 원까지 공제가 가능하다. 장기투자 측면에서 자녀용 계좌를 계설해주는 것이다.

현재는 미성년자 자녀의 증권계좌를 만들 때는 대면계좌로 개설해야 한다. 먼저 주식계좌를 만들어 줄 증권사를 먼저 선택하고, 그다음 그 증권사에서 연계된 은행을 결정한다. 실제 필자는 딸의 증권계좌를 만들기 위해 키움증권을 선택했고, 집 근처 우리은행을 방문했다. 준비물은 다음과 같다. 자녀는 같이 가지 않아도 된다.

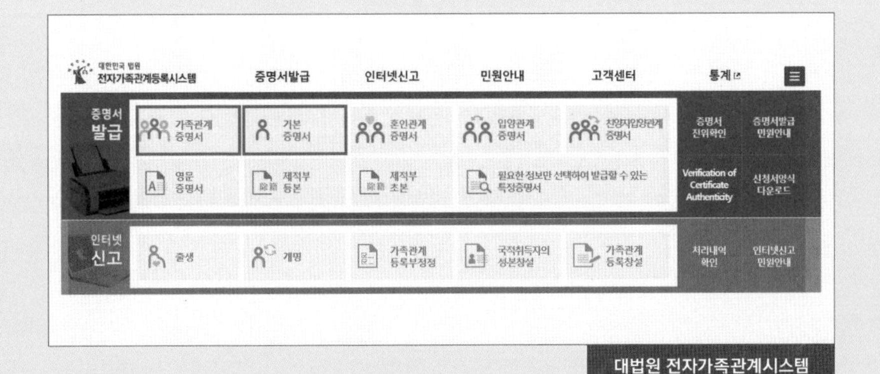

대법원 전자가족관계시스템

① 가족관계증명서(상세)

② 자녀 기준 기본증명서

③ 보호자 신분증

④ 보호자 도장

가족관계증명서와 기본증명서는 대법원 홈페이지에서 발급할 수 있다. 은행에서 키움증권 계좌개설까지 전부 완료되고, 주식매매를 할 수 있는 방법을 문자로 안내해준다. 자녀용 공동인증서도 컴퓨터 또는 휴대폰으로 어렵지 않게 만들 수 있었다. 그 과정들을 상세히 소개해준 사이트들이 많이 있으니 참고 바란다.

이제 계좌를 계설했으면 주식을 사줄 차례다. 우리아이에게 어떤 주식을 사주어야 할까? 개별주와 ETF 중 어느 것이 유리할까?

다음은 2000년과 2020년의 미국의 시총 순위이다.

실제로는 해당연도 안에서 몇 월이냐에 따라 순위 차이가 있다. 10년 간격으로 어떤 변화가 있는지를 대략적으로 확인해보자.

전통적인 1위 기업 GE, 그리고 최상위권에서 긴 기간 머물렀던 엑손모빌 모두 2020년에 들어선 10위권에 존재하지 않는다. 반대로 MS는 장기간 상위순위권에 머물러 있는 유일한 기업이다

우리아이가 성인이 될 때까지 특정 기업이 계속 지금의 지위를 누린다고 확신할 수 있는가? 과연 현재 시총순위 1, 2, 3위인 애플, MS, 아마존은 2040년에도 상위권에 있을까?

개별종목은 섹터별로 유행을 타는 경우가 있으며, 시시각각 변하는 유행을 캐치할 수 있어야 한다. 하지만 내 계좌가 아닌, 자녀 계좌에서 대

	2000년 시총순위	2010년 시총순위	2020년 시총순위
1위	GE	엑손모빌	애플
2위	엑손모빌	애플	MS
3위	화이자	MS	아마존
4위	시스코	버크셔해서웨이	구글
5위	월마트	월마트	페이스북
6위	MS	P&G	테슬라
7위	씨티그룹	GE	버크셔해서웨이
8위	AIG	IBM	비자
9위	머크	존슨앤존슨	월마트
10위	인텔	구글	존슨앤존슨

2000년, 2010년, 2020년 미국주식 시총 순위

응을 하며 투자를 이어가기 쉽지 않다. 이런 단점 때문에 필자는 자녀의 장투종목으로 반드시 ETF를 추천한다. 그것도 어떤 섹터에 집중되어 있는 ETF가 아니라, 산업 전반에 걸쳐 있는 S&P500, 다우지수, 나스닥을 기반으로 한 ETF를 자녀 계좌로 물려주기를 추천한다.

해당하는 각 ETF의 티커는 앞서 7.2에서 소개드렸던대로 대표적으로 SPY, DIA, QQQ가 있다.

필자는 거치식과 적립식에 대해 다룬 156쪽에서 아직 돈을 많이 모으지 못해 적립식 매수를 해야 하는 분들에게 추천했던 QLD를 자녀용으로도 적극 추천하는 바이다. QQQ나 SPY 또한 훌륭한 ETF이지만, 우리 아이에게 경제적 자유를 주기에는 수익률에 아쉬움이 있는 것 또한 사실이다.

나스닥 자료를 구할 수 있었던 1971년부터 현재까지 나스닥 수치를 구하고, 변동성 2배를 가정하여 가상의 QLD 변화 내역을 만들어보았다. 그리고 정확히 25년 사이의 수익률 변화를 파악하였다. 2021년 기준으로 25년 전은 1996년이기 때문에, 1971년~1996년을 시작점으로 기준을 잡았고, 그 기간의 총 주식 개장일은 6,303일이다. 실제 QLD와 오차가 있지만, 큰 틀에서 경향성을 파악하는 데에 도움이 될 것이라고 생각한다.

가장 낮은 수익률은 약 6.5배, 가장 높은 수익률은 약 2,608배 사이였다. 20~30배 사이가 가장 많은 빈도였지만, 30배 이상이 될 확률이 절반을 넘고, 100배 이상이 될 확률이 약 18% 정도 되는 것을 볼 수 있다. 즉 우리 아이에게 2,000만 원을 증여하고 QLD 주식을 매수했다면, 25년

6.5~10배	198	3.14%	100~200배	456	7.23%
10~20배	934	14.82%	200~300배	125	1.98%
20~30배	1,622	25.73%	300~500배	139	2.21%
30~50배	913	14.49%	500~1,000배	143	2.27%
50~70배	730	13.17%	1,000~2,000배	193	3.06%
70~100배	676	10.73%	2,000~2,608배	74	1.71%

현재 시점 2021년 기준 QLD 25년 사이 수익률 변화

후에 20억이 넘을 확률이 18%라는 뜻이다, 1,000배인 200억이 넘을 확률은 4%이다. 설령 그 정도에 도달하지 않는다고 해도, 우리 아이가 취업준비를 하거나 결혼준비를 할 때 큰 도움이 될 수 있을 것이라 생각한다.

하지만 앞서 설명드렸던 것처럼 변동성이 QQQ 대비 2배이기 때문에, 주기적으로 큰 하락이 오는 것을 버텨야 한다. IT 계열에 대한 투자가 편중되는 것이 걱정될 경우, SPY의 2배 레버리지인 SSO를 사주거나, QLD, SSO를 반반씩 사주는 것도 괜찮은 방법이라고 생각한다.

필자 역시 실제로 자녀를 위한 주식계좌를 개설하였다. 필자는 2016년 말에 아기가 태어난 후 업무 차 은행에 들렀다가 '우리 아이 1억 만들기'라는 적금 상품을 보고 마음이 흔들렸다. 왠지 저 상품에 가입하면 내가 우리 아기를 사랑하는 증표를 얻을 수 있을 것만 같은 느낌이 들어서, 묻고 따지지도 않고 매월 50만 원이라는 큰돈을 20년 동안 적금하기로 하고 덥석 가입하게 되었다. 은행원분께 20년 후 1억 원이 넘는 원금과 아주 작은 이자에 대한 설명은 들었지만, 증여세 내용은 듣지 못했다. 당

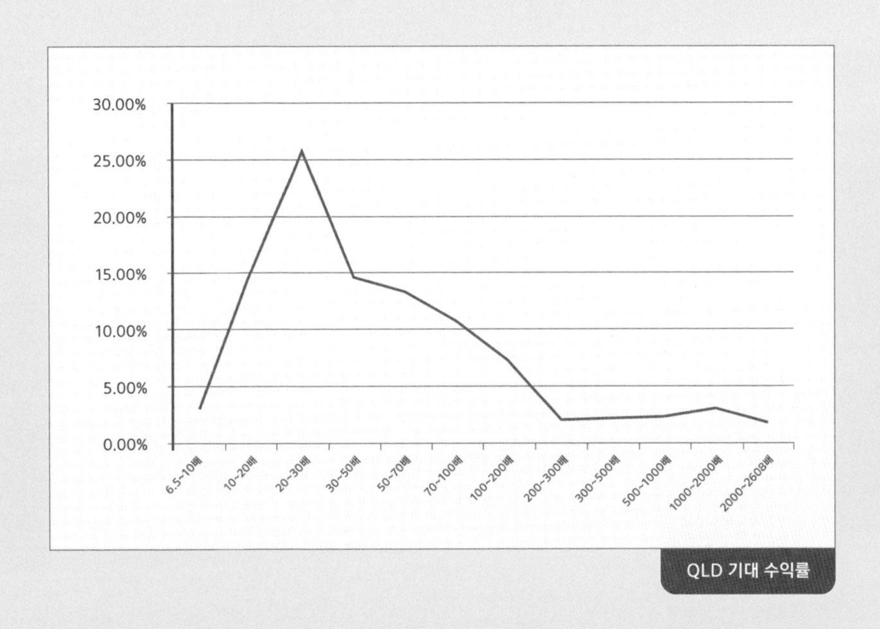

QLD 기대 수익률

시 갓 아기가 태어난 필자에게, 미성년자 증여세에 대한 지식이 없었다.

실제로는 미성년 자녀는 10년에 한 번씩 2,000만 원까지, 성년 자녀는 10년에 한 번씩 5,000만 원까지 세금 없이 증여가 가능하다. 그 이상의 증여는 기준에 따라 증여세를 내야 한다.

그러다가 몇 년 후 코인을 거쳐 미국주식에 관심이 생기면서, 딸아이 적금통장 이자가 너무 형편없다는 생각이 들기 시작했다. 마침 다시 알아보니 그동안 딸아이 이름으로 만 3년 가까이 1,700만 원의 적금이 꼬박 쌓여 있다는 것을 알게 되었고, 바로 은행에 가서 적금을 전부 중도해지하고 키움증권 계좌를 만들게 되었다. 그리고 증여세를 내는 기준이 아니었음에도, 국세청 홈페이지에 접속하여 1,700만 원에 대한 증여세

적용연도	과세표준	세율	누진공제
2000.01.01~현재	1억 원 이하	10%	0원
	5억 원 이하	20%	1,000만 원
	10억 원 이하	30%	6,000만 원
	30억 원 이하	40%	1억 6,000만 원
	30억 원 이하	50%	4억 6,000만 원

증여세 과세표준

신고까지 마쳤다. 그 이후 한 2~3주에 걸쳐서 생각나는 대로 QLD를 샀다. 그리고 그 QLD는 현재 매우 준수한 수익률을 기록하고 있다.

라오어의 미국주식 무한매수법

초판 1쇄 발행일 2021년 6월 2일
초판 16쇄 발행일 2024년 12월 10일

지은이 라오어

발행인 조윤성

편집 신수엽 **디자인** 김지연
발행처 ㈜SIGONGSA **주소** 서울시 성동구 광나루로 172 린하우스 4층(우편번호 04791)
대표전화 02-3486-6877 **팩스(주문)** 02-598-4245
홈페이지 www.sigongsa.com / www.sigongjunior.com

ISBN 979-11-6579-578-8 03320

*SIGONGSA는 시공간을 넘는 무한한 콘텐츠 세상을 만듭니다.
*SIGONGSA는 더 나은 내일을 함께 만들 여러분의 소중한 의견을 기다립니다.
*잘못 만들어진 책은 구입하신 곳에서 바꾸어 드립니다.